LE
TRAVAIL MANUEL
A L'ÉCOLE DE LA RUE TOURNEFORT

PAR

D. LAUBIER
DIRECTEUR DE L'ÉCOLE DE LA RUE TOURNEFORT
OFFICIER DE L'INSTRUCTION PUBLIQUE

A. BOLGUERET
AGRÉGÉ DE L'UNIVERSITÉ
PROFESSEUR A L'ÉCOLE NORMALE DE SAINT-CLOUD

OUVRAGE HONORÉ D'UNE SOUSCRIPTION DU MINISTÈRE DE L'INSTRUCTION PUBLIQUE

PARIS
LIBRAIRIE HACHETTE ET CIE
79, BOULEVARD SAINT-GERMAIN, 79

1887

TRAVAIL MANUEL

A L'ÉCOLE DE LA RUE TOURNEFORT

6733. — DOUBLOTON. — Imprimeries réunies, A, rue Mignon, 2, Paris.

LE
TRAVAIL MANUEL

A L'ÉCOLE DE LA RUE TOURNEFORT

PAR

D. LAUBIER
DIRECTEUR DE L'ÉCOLE DE LA RUE TOURNEFORT
OFFICIER DE L'INSTRUCTION PUBLIQUE

A. BOUGUERET
AGRÉGÉ DE L'UNIVERSITÉ
PROFESSEUR A L'ÉCOLE NORMALE DE SAINT-CLOUD

OUVRAGE HONORÉ D'UNE SOUSCRIPTION DU MINISTÈRE DE L'INSTRUCTION PUBLIQUE

PARIS

LIBRAIRIE HACHETTE ET CIE

79, BOULEVARD SAINT-GERMAIN, 79

1886

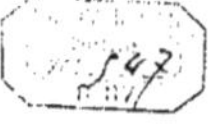

PRÉFACE

Au mois de juillet 1885, une Exposition, dite *du Travail*, s'ouvrit à Paris, au Palais de l'Industrie. L'école communale de la rue Tournefort y avait envoyé une très intéressante collection d'objets en bois, en fer, en pierre et en plâtre, exécutés par ses élèves.

De nombreux visiteurs s'arrêtaient devant ces objets, divers de matière et de forme, distribués en cinq tableaux. Ils étaient également frappés de la bonne exécution de ces travaux scolaires et de leur groupement méthodique, qui permettait de suivre, dans chaque série, la marche et la progression continue de l'enseignement, depuis les travaux élémentaires de la première année jusqu'aux *chefs-d'œuvre* des élèves du cours supérieur.

Chacun se disait que si les élèves d'une école primaire avaient pu acquérir une telle habileté à l'école même, en sans négliger en aucune façon l'enseignement proprement dit, la loi du 27 juillet 1882 sur le travail manuel serait vraiment féconde en heureux résultats. Dans quelque condition que l'on soit appelé à vivre, il n'est jamais inutile de savoir manier un outil et faire œuvre de ses doigts. Ne dût-on jamais trouver l'occasion d'utiliser l'adresse et la force acquises à l'atelier, il serait bon d'y avoir passé et d'avoir appris à honorer le travail en travaillant. Quant aux enfants destinés aux arts et aux métiers manuels, cette préparation générale, cette première éducation de l'œil et de la main reçue à l'école ne peut manquer de leur faciliter l'apprentissage, si décousu aujourd'hui, si peu méthodique et si souvent stérile.

Il me sembla que les résultats remarquables obtenus par le directeur de l'école de la rue Tournefort, après treize ans d'un travail opiniâtre, grâce à la haute sollicitude d'un comité de patronage aussi compétent que dévoué[1], devaient être signalés aux instituteurs dans un ouvrage classique. Tel est le point de départ de la présente publication.

Pour la mener à bonne fin, j'ai dû recourir plus d'une fois à l'expérience de M. Salicis, fondateur de l'enseignement manuel à l'école de la rue Tournefort, aujourd'hui inspecteur général de cet ordre d'enseignement, que je tiens à remercier ici de ses excellents conseils.

Quelques élèves du lycée Saint-Louis, des divisions préparatoires à l'École centrale des Arts et Manufactures, notamment MM. Lagarde, Boucher, Roy, Lordier, Ligneau et Gautier, m'ont aidé à faire les dessins originaux ; je leur adresse aussi tous mes remerciements.

Enfin, le ministère de l'Instruction publique, en assurant d'avance une souscription importante à la publication, lui donnait un précieux encouragement.

Dès lors il n'y avait plus qu'à se mettre à l'œuvre avec confiance.

Nous avons placé en tête de cet ouvrage le fac-similé en phototypie des tableaux dont il est parlé dans les premières lignes de notre *Préface* ; puis, dans les quatorze planches qui suivent, des séries d'objets de formes géométriques, dessinés en élévation et en profil ou en coupe, avec des cotes nombreuses. La forme et les dimensions de ces objets sont parfaitement déterminées, puisqu'ils sont représentés en perspective dans les phototypies et en projection dans les planches.

1. Ce comité de patronage était composé de MM. Salicis, actuellement inspecteur général de l'enseignement manuel : Philippon père, Édouard Ruet, Vacherot, Delacour, Léveillé, Crousté, Belagrave, Chaper, Mailhé, Dubief, Gallin, Montaud, Homery, de Pompéry, etc.

Il est facile de voir, en examinant tableaux et planches, que les modèles sont rangés dans l'ordre où ils devront être exécutés, les plus simples au commencement. Il n'y a d'exception que pour le tableau de *modelage*, où il a été nécessaire d'intervertir cet ordre, afin de bien remplir le cadre et d'obtenir un ensemble dont l'œil fût satisfait. Des numéros indiquent d'ailleurs l'ordre d'exécution.

Il est presque inutile d'ajouter que chacun des modèles qui figurent dans nos planches est un type qui peut servir de point de départ à une série d'exercices variés, grâce à des modifications que les contremaîtres et les instituteurs sauront trouver. C'est ainsi qu'à l'école de la rue Tournefort on peut voir des milliers d'exercices dérivés de ceux que nous publions.

Puisse cet ouvrage être utile aux instituteurs et aux chefs d'atelier, en leur épargnant les longs tâtonnements du début! S'ils lui font bon accueil et si leur approbation nous encourage, nous publierons ultérieurement un album complémentaire renfermant un grand nombre d'exercices nouveaux.

A. BOUGUERET.

Paris, le 14 juillet 1886.

ENSEIGNEMENT DU TRAVAIL MANUEL

L'ÉCOLE DE LA RUE TOURNEFORT

A PARIS

L'industrie française se trouve, depuis un certain nombre d'années, dans une situation critique. Est-ce à dire qu'elle soit en pleine décadence? Nous ne le croyons pas. Il y a, certes, péril en la demeure, mais le péril peut, croyons-nous, être conjuré. Maintenant encore, c'est la France qui fournit au monde entier les plus beaux articles de luxe : ameublements, tapisseries, porcelaines, etc., etc. Toutefois, même dans les branches d'industrie où l'art domine, la concurrence étrangère s'enhardit de jour en jour davantage. Si nous n'y prenons garde, à force d'imiter ou plutôt de contrefaire nos produits, elle nous ravira peu à peu tous les secrets de notre supériorité. Pour lui tenir tête avec succès, il ne nous suffit pas de continuer à faire *bien*, il nous faut, sans relâche, viser au *mieux* ; en d'autres termes, il nous faut perfectionner nos procédés, notre outillage, et varier notre production, tout en lui conservant les qualités qui la caractérisent : l'élégance, l'ingéniosité, le bon goût. Mais le procédé, de même que l'outil, ne vaut que par l'habileté de celui qui l'emploie. « Former, dès l'enfance, l'homme et le citoyen, disait naguère M. Jules Ferry, préparer des ouvriers pour l'atelier, c'est notre tâche.

« C'est le travailleur que nous voulons élever, ajoutait le ministre, c'est à lui que nous voulons donner une éducation pratique et intellectuelle qui le rendra supérieur à sa tâche journalière, mais qui, loin de l'en dégoûter ou de l'en distraire, le rattachera à elle par un lien plus intime et plus profond.

« Il y a là-dessus un très beau mot de Channing, un des hommes qui ont le plus aimé le peuple. Channing a fait remarquer que le travail des ateliers met en œuvre incessamment toutes les découvertes de la science, toutes les notions scientifiques les plus anciennes, comme les plus neuves, et il recommande aux hommes d'État de répandre dans les ateliers ces connaissances scientifiques, ces conquêtes positives de l'humanité, « car, dit-il, il n'est pas de plus sûr moyen d'ennoblir une profession manuelle que de montrer le rapport intime qui la relie avec les lois naturelles du monde [1]. »

Comment les former, ces ouvriers qui doivent prendre part aux grandes luttes industrielles de l'avenir? par quels moyens leur donner une éducation à la fois « pratique et intellectuelle » ? telle est la question.

Malheureusement, les résultats ordinaires de l'apprentissage restent bien en deçà de l'idéal de Channing. « Lancé dans un métier pour lequel on n'a point consulté ses aptitudes, l'apprenti est occupé tout d'abord à nettoyer l'atelier, à faire les courses, et, souvent même, chez les petits patrons, à laver la vaisselle et à remplir les fonctions de domestique. S'il apprend quelque chose, c'est le métier d'homme de peine. Il sait à peine travailler tant bien que mal, plus mal que bien, qu'il quitte son patron pour aller chercher ailleurs une besogne salariée. Son éducation n'est qu'ébauchée, et il risque de n'être jamais qu'un *cameloteur*. N'importe, lui et ses parents sacrifient l'avenir au présent. Il gagnera son pain, cela répond de tout [2]. »

En somme, qu'a-t-il appris? Peu de chose. La plupart des notions qu'il possédait au sortir de l'école se sont obscurcies dans son cerveau. Ses facultés intellectuelles, au lieu de se développer, s'engourdissent. Il ne songe guère à s'instruire. A Paris même, le nombre des jeunes gens qui fréquentent les cours du soir diminue d'année en année. La tâche quotidienne accomplie, si la fatigue ne provoque pas immédiatement le sommeil, on dévore le roman du jour ou l'on se crée d'autres distractions

1. Extrait du discours prononcé par M. Jules Ferry en 1883, à Vierzon.
2. Extrait du journal *le Figaro*, 16 septembre 1883.

plus ou moins avouables. Mieux vaut peut-être la lecture des romans que l'inactivité absolue de l'intelligence. Mais combien est-il d'apprentis qui ne lisent jamais!

À défaut de toute culture de l'esprit, l'apprentissage implique-t-il au moins une certaine éducation usuelle? Trop souvent, au contraire, il n'a pour effet que de pervertir les sentiments et de favoriser l'expansion des mauvais instincts. Curieux de son naturel, l'enfant prête une oreille attentive à tous les propos qui s'échangent autour de lui. Or, les propos de l'atelier n'ont, en général, rien de commun avec les préceptes de la vertu. Ce sont de vulgaires aveux de scepticisme, des plaisanteries assaisonnées de gros sel, des allusions où les mots ne dissimulent qu'à demi, quand ils les dissimulent, les plus grossières réalités. Si l'influence de la famille ou d'heureuses dispositions natives ne réagissent pas contre de tels enseignements, comment, en un pareil milieu, l'âme du futur ouvrier pourra-t-elle se développer et s'ennoblir?

Même au point de vue professionnel, l'apprentissage ordinaire est bien loin d'atteindre son but. Il ne comporte que de monotones et fastidieuses besognes. La division du travail le veut ainsi. Les industries d'*art*, tout comme les autres, tendent à la transformation de l'ouvrier en automate, en machine. Prenons pour exemple la sculpture sur bois : elle comprend une foule de spécialités différentes. Il y a des ateliers où l'on ne travaille que sur les modèles Renaissance; il y en a d'autres où l'on ne fabrique — fabriquer est le mot propre — que les ornements dits de style moderne. En certains cas, la sculpture se paye à tant le mètre, d'où il résulte que, pour gagner sa vie, l'ouvrier doit abdiquer toute prétention artistique et lutter de vitesse avec ses camarades, quitte à ne produire que de cette sorte d'ouvrage dont on dit dédaigneusement : « C'est de la *camelote !* »

Il importe donc de les relever, ces industries d'art, ces industries de luxe qui ont contribué si largement à enrichir la France. Mais il faut commencer d'abord par vaincre l'un des plus sots, l'un des plus dangereux préjugés de notre époque : le mépris des professions manuelles. « C'est l'intelligence qui maintenant travaille, et ce sont les bras qui demeurent inertes. Ainsi, tandis qu'autrefois, dans les classes ouvrières, le travail des mains était seul en usage et l'exercice de l'intelligence presque totalement sacrifié, aujourd'hui c'est du mal contraire que notre société souffre. La plume a si bien détrôné l'outil, que le travail manuel, négligé, dédaigné, serait insensiblement abandonné si la chose était possible. En même temps, les têtes fermentent à l'envi. Il faut rétablir l'équilibre. M. Guizot a organisé l'enseignement intellectuel. La tâche de notre époque à nous, est d'organiser l'enseignement manuel. La simultanéité des deux enseignements est loin d'être inconciliable. Sagement combinés, ils se prêteront au contraire un mutuel appui. Réhabilitons donc le travail des mains. Combattons ce penchant à la bureaucratie, mal funeste qui, après avoir détruit la bourgeoisie, sévit maintenant dans la classe ouvrière. Bourgeois, qui élevez vos enfants pour en faire des employés de magasin, arrêtez-vous sur cette pente fatale. Cessez votre émulation de fonctionnarisme. Autre temps, autres mœurs. » (B. Saint-Marc Girardin.)

Voilà qui est entendu : l'organisation de l'enseignement manuel est une des nécessités du temps. Reste à savoir de quelle manière on devra l'organiser. Quelle méthode, quel programme suivra-t-on pour en tirer les meilleurs fruits? Suffira-t-il d'expliquer aux élèves le maniement des outils ou le fonctionnement des machines? Non : il faut, de plus, les initier aux conséquences industrielles du progrès des sciences; leur donner, sur tout ce qui concerne les principales professions qu'ils peuvent exercer dans le milieu où ils vivent, des notions encyclopédiques et précises. Il faut, en exerçant leurs bras, développer leur intelligence, leur raison et leur volonté; leur inspirer le respect, le culte du travail, quel qu'il soit, pourvu qu'il concoure au bien-être matériel et moral de l'homme; enfin, les mettre en mesure de discerner une vocation sérieuse et d'y répondre.

Cet enseignement, théorique autant que pratique, manque à l'atelier. Où le créer, sinon dans des établissements pourvus à la fois d'ouvriers et de professeurs, ou, ce qui vaudrait mieux encore, de professeurs-ouvriers? De là la fondation des écoles d'apprentissage. La première fut établie au Havre en 1867. Paris, depuis 1873, en possède une très belle : celle du boulevard de la Villette.

Il y a quelques années, pour étendre et généraliser l'enseignement manuel, que les écoles d'apprentissage, vu leur petit nombre, ne pouvaient fournir qu'à peu d'élèves, on a introduit l'atelier dans l'école primaire même. C'est à l'école de la rue Tournefort, dirigée par M. Laubier, qu'a été mis en pratique, pour la première fois, avec un plein succès, ce nouveau mode d'éducation professionnelle.

En 1870, à l'approche des Prussiens, M. Laubier s'était réfugié dans la capitale. C'est alors qu'on lui confia la direction de l'école dont nous venons de parler.

« Cet instituteur unissait aux aptitudes de sa profession une grande habileté de main. Il était particulièrement expert aux travaux du bois et de la reliure. Aussi, saisissait-il avec empressement la moindre occasion pour inspirer à ses élèves le goût de semblables ouvrages. C'était, pour les plus âgés d'entre eux, une précieuse récompense, presque une fête, d'aller le jeudi servir d'aides à leur maître et d'exercer sous ses yeux leur force et leur adresse.

« Il y avait dix-huit mois environ que cette humble école, qui n'occupe qu'un était local, prospérait, grâce à l'intelligente direction de l'instituteur-ouvrier, lorsqu'un professeur de la Faculté de droit, membre du Conseil municipal, M. Léveillé, dans une visite qu'il fit à l'école de la rue Tournefort, remarqua les outils du maître et les produits de son habileté. Il insista auprès des membres de la délégation cantonale du cinquième arrondissement pour qu'on établît dans cette école un atelier où les enfants pussent apprendre à tourner le bois et à relier les livres (cette dernière occupation répondait spécialement aux besoins du quartier, dans lequel se trouvent beaucoup de libraires). M. Salicis obtint qu'on y installât de toutes pièces des ateliers pour l'enseignement de la menuiserie, de la forge et du modelage, de l'ajustage, de façon à constituer un véritable enseignement *manuel primaire*. Le Conseil municipal de Paris, heureux de s'associer à une œuvre essentiellement démocratique, vota d'abord, en 1873, une subvention de 5000 francs. Il la porta à 8000 francs depuis 1875. » (M. *Victor Claret*, membre du Conseil municipal de Lyon, *Compte rendu d'une visite faite à la rue Tournefort.*) Actuellement, le budget de l'enseignement du travail manuel, à cette école, est de 16000 francs, mais les dépenses ne dépassent pas 15000 francs. 260 élèves, dont se compose l'école, participent à cet enseignement.

L'œuvre est vraiment remarquable. Pour l'apprécier à sa juste valeur, il faut avoir visité l'établissement; il faut l'avoir visité non pas une fois, mais vingt fois. L'école est petite; extérieurement, elle n'a point d'apparence. Mais que de choses elle contient! Quand vous êtes entré, ce qui vous frappe de prime abord, c'est une infinité d'objets tournés ou sculptés, cloués sur les murailles. Il y en a des milliers et des milliers. Regardez de près : la plupart sont d'un travail très fin, très délicat. On a peine à concevoir que des enfants aient pu exécuter de semblables ouvrages. Ce sont bien des enfants qui les ont exécutés.

L'école est gaie, quoique située dans un quartier triste. Le jeu, comme tout le reste, y est organisé d'une manière intelligente et réfléchie. Les élèves jouent aux quilles, au tonneau, aux anneaux ou tirent à l'arbalète, tandis que d'autres s'amusent à labourer le sable, à l'aide d'une petite charrue. Partout, d'ailleurs, jusque dans les moindres détails, se révèle l'esprit ingénieux et pratique du directeur. De distance en distance sont enfoncées dans le sol de la cour des chevilles recouvertes de rondelles métalliques fixées avec des vis. L'ensemble représente un arc et ses principales subdivisions. En posant des jalons sur les chevilles, il est facile de figurer des polygones de toutes sortes, réguliers ou irréguliers, dont on pourra ensuite calculer les dimensions et la surface. Le préau est minuscule, comme la cour, comme l'école. Il sert cependant de musée scolaire, de réfectoire, de salle de conférences, etc. Le musée contient des collections de minéraux, de plantes, d'animaux, de solides géométriques, de produits industriels, de figures propres à l'enseignement de la coupe des pierres; tous objets étiquetés et classés avec le plus grand soin. Les bancs où s'assoient les élèves peuvent, en un clin d'œil, par le moyen de planches et de supports, se transformer en tables pour le repas de midi. Le long des murs brillent les fusils du bataillon scolaire. Une brosse circulaire, montée sur l'axe d'un tour, peut nettoyer en quelques minutes toutes les armes de l'école. Est-il besoin de dire que cette machine a été inventée par M. Laubier? Voici une autre invention du directeur de l'école de la rue Tournefort : c'est un pupitre à plusieurs compartiments qui sert à la fois pour ranger les livres de classe, pour serrer toute une collection d'outils et pour travailler manuellement aussi bien que pour écrire. Le préau est au fond de la cour. Au-dessus du préau s'étendent les ateliers où l'on fait la menuiserie, le tour et la forge. L'étendue de ces ateliers n'est pas considérable. Mais on a su, là encore, suppléer au manque de place. Grâce à une certaine disposition de presses mobiles, quatre, cinq, six enfants peuvent travailler au même établi.

Les murs qui limitent les escaliers et les couloirs disparaissent sous des centaines d'objets en plâtre, en bois ou en pierre fabriqués par les élèves. La partie du bâtiment qui donne sur la rue renferme l'atelier de modelage. A gauche, deux étages de classes. Visitons une des salles réservées à l'enseignement intellectuel. Un mètre carré est dessiné sur un tableau noir. Aux quatre sommets du carré sont fixés des cordons réunis par des tringles en fer. Décrochez les tringles, tendez les cordons : vous aurez la figure d'un mètre cube dont une des faces (celle qui est représentée au tableau) serait divisée en décimètres carrés. L'établissement dirigé par M. Laubier ne possède pas de salle spéciale pour l'enseignement du dessin, mais on fixe aux tables ordinaires, à pente inclinée, des tasseaux sur lesquels on pose de larges planches, et les voilà transformées en tables horizontales sur lesquelles on peut dessiner tout à son aise. Non, rien ne manque à l'école de la rue Tournefort; c'est une école absolument complète. L'enfant y reçoit tous les soins que son âge réclame, aussi bien ceux qui concernent le corps que ceux qui regardent l'intelligence. Grâce à un fourneau économique établi par la municipalité du cinquième arrondissement, M. Laubier, longtemps avant l'institution des cantines scolaires, procurait à ses élèves, pour le déjeuner, des aliments chauds distribués par portions

de 5 centimes et de 10 centimes. Il a imaginé un système de bancs dans l'intérieur desquels sont placées dix-huit cuvettes en fer étamé, lavabos peu coûteux et fort commodes. Point n'est utile d'ajouter que l'ordre, la propreté, la santé règnent dans l'école de la rue Tournefort.

M. *Burosse*, de Bordeaux, s'aidant de renseignements qu'il a puisés dans une brochure de M. Salicis : *Enseignement primaire et apprentissage*, résume ainsi le programme d'études suivi à cette école :

« 1° Continuation et extension de l'enseignement scolaire; maintien des examens qui, par le *satisfecit*, donnent droit au certificat d'études ;

2° Étude et maniement des matières premières ;

3° Dessin d'après le relief, modelage, moulage, sculpture sur pierre tendre et sur bois, dessin géométrique et lavis ;

4° Pratique des procédés et outils généraux, travail à l'établi, à la forge, au tour, à l'étau ;

5° Enseignement technique, tenue des livres, géographie industrielle et commerciale, premiers éléments de la science économique ;

6° Levé à la règle, à la fausse équerre et au compas d'épaisseur d'une pièce exécutée ou d'une machine simple ; tracé de l'épure à une échelle donnée, croquis à main levée avec report de cotes. Réciproquement : exécution d'épures faites à une échelle connue ou d'après un croquis coté ;

7° Invention, tracé, exécution de projets simples. »

Voici maintenant les détails précis sur le classement des élèves et l'organisation du travail à l'école de la rue Tournefort :

« Cette école comprend deux catégories bien distinctes d'élèves, les enfants de l'école primaire proprement dite formant, suivant leur âge et leur degré d'avancement, quatre classes de cinquante élèves chacune, et les élèves de la classe dite *spéciale* ou *complémentaire*, qui sont au nombre de cinquante, soit en tout deux cent cinquante élèves.

« Les élèves sont à l'école 8 heures 1/2 par jour, de 7 heures 1/2 du matin à 11 heures 1/2, et de midi et demi à 5 heures. Les élèves de la classe complémentaire restent à l'école jusqu'à 6 heures 1/2 en été et jusqu'à 6 heures en hiver. Le temps employé à la gymnastique est en dehors des heures des classes. Les enfants vont aux ateliers manuels dès leur entrée à l'école[1].

« Par une intelligente utilisation du temps, le directeur de l'école de la rue Tournefort a trouvé le moyen de consacrer aux travaux manuels un certain nombre d'heures par semaine, sans nuire aux études primaires. La preuve, c'est que l'école obtient autant de succès, sinon plus, que les autres, aux examens du certificat d'études et au concours d'admission aux écoles primaires supérieures.

« En première année, les élèves ont trois heures par semaine de technologie, deux heures de modelage, une heure de menuiserie et de forge et une heure de leçons de choses à l'atelier. En deuxième année, deux heures de technologie, deux

1. Après une première expérience de deux années sur les élèves du cours supérieur, M. Salicis a fait associer à l'enseignement manuel d'abord les élèves du cours moyen, puis ceux du cours élémentaire. Ces accessions successives ont donné lieu à de réelles difficultés d'organisation, mais le directeur, grâce à la générosité du Conseil municipal, a pu s'en tirer avec honneur.

2

heures de modelage, deux heures de menuiserie et de forge. En troisième année, deux heures et demie de technologie, deux heures de modelage, trois heures de menuiserie, tour et forge. Enfin en quatrième année, une heure et demie de technologie, deux heures de modelage et trois heures de menuiserie, tour et forge. Dans la dénomination de forge est compris le travail de l'étau.

« Quant à la classe spéciale, elle se compose de deux catégories d'élèves : ceux qui ont leur certificat d'études ou qui se préparent pour l'obtenir et ceux qui sont en retard pour leurs études primaires, mais âgés d'au moins douze ans. Ces deux catégories forment dans la classe deux sections différentes qui font les mêmes travaux manuels pour arriver au même résultat d'apprentissage, mais qui constituent deux divisions distinctes pour les études scolaires.

« Les élèves de cette classe ont dix-neuf heures hebdomadaires de travaux manuels. Le reste du temps est employé aux études ordinaires, dans lesquelles on donne avec raison une importance spéciale au dessin et aux notions de sciences physiques et naturelles.

« Les élèves passent jusqu'à trois années dans la classe complémentaire. En première et en deuxième année, il n'y a aucune spécialité. Ils vont tous deux jours par semaine au modelage, un jour à la forge et deux jours à la menuiserie.

« En troisième année, ils se divisent en quatre catégories : modelage et sculpture, menuiserie et ébénisterie, forge et ajustage, tour. Mais encore ne sont-ils pas absolument spécialisés dans ces catégories, puisque les élèves du modelage vont une fois par semaine au tour et à la forge, ceux de la menuiserie et ceux du tour une fois à la forge et au modelage, et enfin ceux de la forge une fois au modelage et à la menuiserie.

« Il y a à l'école sept maîtres de travaux manuels, deux pour la menuiserie, deux pour le tour, deux pour la forge et l'étau et un pour le modelage. Seulement ils ne viennent chacun que quelques heures par jour.

« En dehors de ces maîtres, il y a dans la classe spéciale, pour chaque genre de travail, un moniteur pris parmi les meilleurs élèves. Ce moniteur tient un carnet où sont indiqués avec des croquis les travaux faits par chaque élève à chaque séance. De plus chaque élève a entre ses mains un carnet-journal de son travail manuel, aussi avec croquis [1]. Ces carnets sont vus régulièrement par les maîtres.

« Il y a dans les ateliers huit établis, deux tours à bois, un tour pour le fer, douze étaux, une forge et trois machines à percer.

« Un des côtés les plus remarquables du fonctionnement de ces ateliers, c'est l'économie stricte qui y règne et qui consiste par exemple à utiliser jusqu'au moindre morceau de bois pour les exercices élémentaires. On arrive ainsi à obtenir des résultats importants avec un crédit très restreint. » (Extrait du *Rapport présenté à MM. les membres de la Commission administrative de l'école La Martinière, à Lyon*, par M. *Long*, directeur de cet établissement, *à la suite de visites d'écoles faites à Paris et à Reims*. 1884.)

« Les murs de l'atelier où se font la menuiserie, l'ébénisterie, la marqueterie, le tournage du bois et du fer, sont recouverts de spécimens de travaux d'élèves repré-

1. Il possède, en outre, un cahier de *résumés hebdomadaires* où il joint à l'énumération des travaux et des études de la semaine, toutes les notes qu'il a pu prendre, toutes les observations qu'il a pu faire, soit en classe, soit à l'atelier, sur les choses qui échappent à l'enseignement ordinaire.

sentés par de très petites pièces et disposés graduellement depuis le travail du début jusqu'aux ouvrages difficultueux exécutés par les plus grands et les plus habiles d'entre les élèves.

« Le second atelier, où sont installés la forge et plusieurs étaux, a aussi ses murs garnis de pièces ajustées, à côté desquelles on en aperçoit d'autres indiquant les différentes phases par lesquelles le fer en lames ou en barres a dû passer avant de devenir outil, instrument ou pièce quelconque ; les parties qui doivent être chauffées sont peintes au minium, celles qui doivent être soudées sont rapprochées [1]. C'est vraiment l'enseignement du travail rendu sensible par l'aspect et de la façon la plus propre à frapper l'esprit de l'enfant.

« Ces deux ateliers fonctionnent simultanément sous la direction d'un chef ouvrier spécial à chacun d'eux pour chaque genre de travail et sous la surveillance d'un maître de l'école.

« Les élèves y sont exercés à tour de rôle aux différents travaux dont nous avons donné ci-dessus la nomenclature, pendant un nombre d'heures qui varie suivant leur âge ou plutôt selon la classe à laquelle ils appartiennent ; mais tous y prennent part.

« Ainsi les commençants de six ans reçoivent de petites planchettes longues de 0m,25 sur 0m,15 et 0m,05 d'équarrissage, sur lesquelles les traits au crayon ont été faits. Ils en suivent les lignes avec la râpe, après avoir assujetti ces planchettes dans un étau de sculpteur. D'autres exercices à la scie et au bédane succèdent. Voilà pour la menuiserie.

« A la forge, ils traînent des limes sur de larges surfaces planes de fer et frappent à l'enclume sur du plomb.

« Au tour, ils apprennent à faire marcher la pédale et s'exercent peu à peu à tourner les cylindres avec la gouge et le fermoir.

« Quant au modelage, ils s'y exercent en dessinant sur l'ardoise et en imitant, au moyen de la glaise, les petits modèles en relief qu'on leur met entre les mains. Les élèves de la classe spéciale, pour la plupart, s'exercent surtout au modelage à l'argile, au moulage au plâtre et à la sculpture sur pierre et sur bois. Les outils des élèves sont faits dans l'école. » (Extrait du *Compte rendu d'un voyage d'études fait à Paris et en Suisse, en 1885*, par MM. *Dautenil et Fontaine*, instituteurs du département de la Somme.)

En résumé, le dessin accompagne toute espèce de travail. Aucun ouvrage n'est exécuté sans avoir été dessiné au préalable. C'est ainsi que se forment, à l'école de la rue Tournefort, de véritables petits artistes. On remarque, parmi la multitude d'objets qui couvrent les murs, des chapiteaux fort bien sculptés, des feuilles d'acanthe, voire même des médaillons et des bustes d'une réelle valeur.

Du reste, les élèves de M. Laubier n'ont besoin, en sortant de l'école, que d'une année, ou deux années au plus, d'apprentissage. Tous ou presque tous trouvent de bonnes places dans les ateliers. Nombre de patrons viennent demander des apprentis à l'école de la rue Tournefort.

Quant à la méthode suivie en cette école, elle nous paraît ressortir tout naturellement de l'exposé ci-dessus. Elle consiste à tenir toujours éveillée l'intelligence, tandis que les bras fonctionnent ; à subordonner l'outil à la pensée, en sorte que le

1. Ce procédé est emprunté à une école professionnelle de Moscou.

travail manuel, bien loin de nuire au développement intellectuel, y contribue pour une grande part ; à faire de ce genre de travail une récréation, une *récompense* plutôt qu'une tâche obligatoire : enfin, elle a pour objet de susciter et d'utiliser toutes les aptitudes de l'enfant, pour déterminer en son esprit une vocation nette et inébranlable. « Au lieu de lui imposer comme jadis une attention passive et un exercice machinal de mémoire, disait, en 1880, M. Tolain, rapporteur de la Commission sénatoriale chargée d'examiner le projet de loi sur les écoles manuelles, on substitue maintenant l'observation des choses à l'étude des mots, le jugement à la mémoire, la spontanéité à la passivité. L'enfant a constamment besoin d'agir et de créer; donner un objet à son activité, c'est le principe de la nouvelle méthode. Éveiller d'abord les sens de la vue et du toucher, familiariser l'œil avec la régularité des formes, l'harmonie des couleurs, exercer la main, dès l'âge le plus tendre, pour lui donner l'adresse, l'aisance, la sûreté du mouvement ; faire remonter l'élève d'une idée à une autre, de l'exemple au principe pour revenir de la règle à l'application; tels sont les moyens d'exécution. » Ce sont les moyens employés par M. Laubier.

S'assimilant complètement les principes posés par M. Salicis, créateur de l'enseignement manuel primaire, M. Laubier les a appliqués avec un grand succès. À son tour, il n'a eu qu'à se féliciter du concours qu'il a trouvé dans ses excellents instituteurs adjoints, parmi lesquels se sont particulièrement distingués M. Goret, aujourd'hui directeur d'une école de Paris, et M. Bénard, jeune normalien, qui a parfaitement compris la méthode et les procédés d'enseignement usités à l'école, qui s'en sert habilement et donne les plus belles espérances. Il a, de plus, été secondé par d'habiles maîtres-ouvriers.

Actuellement, l'école de la rue Tournefort jouit d'une réputation universelle.

Sur l'invitation de M. Salicis, un souverain, des ministres, des sénateurs, des députés, des préfets, des maires et adjoints, des conseillers municipaux, des inspecteurs d'Académie, des inspecteurs primaires, des membres de chambres syndicales, etc., l'ont visitée en détail. Les noms de deux cent neuf étrangers et plus de quinze cents personnes de France et d'Algérie ont été inscrits sur le registre des visiteurs. Nous nous plaisons à citer parmi eux MM. Bardoux, Jules Ferry, Tirard, le général Gresley, ministres, Cantmont, Hérold, préfets de la Seine, Gréard, Buisson, Carriot, Martin Nadaud, Tolain, Corbon, etc., etc.; d'autre part, une foule de notabilités étrangères sont aussi venues la voir : S. M. l'empereur du Brésil, dont l'opinion sur l'école se résume en ce mot : « Tout y est logique »; MM. Hodgson Pratt, président de l'Union des Cercles ouvriers d'Angleterre; Lambrior, professeur à l'École militaire de Jassy; Thorden, professeur à l'Université d'Upsal; André Issaïew, attaché au ministère de l'Instruction publique, en Russie; Clauson Kaas, gentilhomme de la Chambre du roi de Danemark; le général Chamberlain, commissaire des États-Unis à l'Exposition de 1878; Augustin Avilez, sénateur de la République de Nicaragua; Sakouraï, professeur à l'École normale de Tokio (Japon), etc., etc.

À l'heure où nous écrivons ces lignes, on remplit trois caisses de toutes sortes de travaux d'élèves pour être expédiées de la rue Tournefort : la première à Madrid, la seconde à Rome et la troisième en Roumanie! D'autres caisses ont été envoyées au Japon, au Brésil, etc.

En 1880, le Directeur de l'École recevait la lettre suivante :

MINISTÈRE
de   *Paris, le 28 avril 1880.*
L'INSTRUCTION PUBLIQUE
ET DES BEAUX-ARTS

Monsieur,

La Ville de Paris a obtenu les plus hautes récompenses à l'Exposition universelle de 1878.

Vous avez largement contribué aux succès de mon Administration, et je suis heureux, Monsieur, de vous en témoigner toute ma gratitude.

Les travaux que vous avez exposés justifiaient, d'ailleurs, pour leur part, le rang élevé que le Jury a assigné au corps enseignant français.

Je suis fier de les consacrer à mon tour par des félicitations personnelles.

Agréez, Monsieur, l'assurance de mes sentiments les plus distingués.

Le Ministre de l'Instruction publique et des Beaux-Arts,
JULES FERRY.

Monsieur le Directeur de l'école d'apprentis de la rue Tournefort.

D'ailleurs, à l'Exposition universelle de 1878, M. Salicis a obtenu une médaille d'or et dans toutes les expositions scolaires, l'établissement que dirige M. Laubier, et M. Laubier lui-même, ont été récompensés de la façon la plus flatteuse.

En 1882, le travail manuel a été organisé dans quatre-vingt-dix écoles communales de Paris. Le budget total des ateliers créés en ces diverses écoles dépasse aujourd'hui 450 000 francs. Étant donnés les magnifiques résultats obtenus rue Tournefort, il est permis d'espérer que l'apprentissage primaire, d'ici à quelques années, aura contribué d'une manière notable au relèvement et à la rénovation de notre industrie nationale.

X...,
Directeur d'école à Paris,
Rédacteur au Manuel général de l'instruction primaire.

EXTRAIT

DU

Rapport à M. le Ministre du Commerce et de l'Industrie sur l'Enseignement technique et professionnel

PAR LA SOCIÉTÉ DES ANCIENS ÉLÈVES DES ÉCOLES D'ARTS ET MÉTIERS

ÉCOLE COMMUNALE DE LA RUE TOURNEFORT, A PARIS

BUDGET SPÉCIAL DE L'ANNEXION DES ATELIERS

Instituteurs.

Directeur............................ Fr.	2,000	
Cours supérieur. 1er Instituteur adjoint...	1,000	
— 2e — —	700	
Cours moyen... 1er Instituteur adjoint...	600	6,100
— 2e — —	600	
Cours élément. 1er Instituteur adjoint...	600	
... 2e — —	600	

Maîtres-ouvriers.   14,932

Professeur de modelage.................	3,000
— de forge....................	1,152
— de mécanique..............	792
— de menuiserie........	1,152
— d'ébénisterie...............	792
— de tour à métaux..........	1,152
— de tour à bois.............	792

8,832

Matériel.

Bois, fer, cuivre, zinc, plâtre, pierre tendre, argile, outils, modèles, ouvrages techniques, etc..................... 4,068

Total.......... 16,000

Les instituteurs sont désignés par l'Administration ; l'indemnité qui leur est attribuée est destinée au payement de leurs leçons de technologie, de leur surveillance et de leur temps supplémentaire. — Les maîtres-ouvriers désignés par l'Administration sur la présentation du Directeur sont, ou de petits patrons du voisinage ou de bons ouvriers fournis par les patrons eux-mêmes. Tous reçoivent un salaire basé sur la durée de la vacation, 1 franc par heure, plus 1 franc de déplacement. Les vacations que donne matin et soir le professeur de modelage sont toutes de 5 francs, quelle que soit leur durée. Cette diversité de professeurs permet de les recruter plus facilement, et procure l'avantage pour les élèves de recueillir des notions pratiques de travail manuel plus variées.

COURS PROFESSÉS

Cours théoriques.

1. Langue française.	9. Dessin linéaire.
2. Morale.	10. Dessin d'art.
3. Lecture.	11. Physique et chimie, Mécanique.
4. Écriture.	12. Minéralogie et Botanique.
5. Histoire de France.	13. Gymnastique.
6. Géographie.	14. Chant.
7. Calcul.	15. Leçons de choses à l'atelier.
8. Géométrie.	16. Technologie.

Cours pratiques.

1. Modelage et Sculpture.	4. Serrurerie.
2. Menuiserie.	5. Forge.
3. Tours au fer et au bois.	

L'école comprend 5 classes dans lesquelles les cours pratiques ont un nombre d'heures égal à :

2 heures par semaine pour la	4ᵉ classe	(6 ans, 7 ans)
4	3ᵉ —	(8 ans, 9 ans)
5	2ᵉ	(10 ans, 11 ans)
7	1ʳᵉ —	(12 ans, 13 ans)
10	classe spéciale	(14 ans, 15 ans)

L'augmentation du travail manuel est donc en raison directe du degré de chaque classe.

RÉPARTITION DES ÉLÈVES DANS LES ATELIERS

Les élèves de l'école (au nombre de 260) sont répartis dans les ateliers de telle façon qu'ils vont deux fois par semaine au modelage, une fois à la forge et deux fois à la menuiserie (*tableau* 1).

Ceux dont les parents désirent la spécialisation vont trois fois par semaine dans leur atelier spécial, et une fois dans chacun des deux autres (*tableau* 2).

Il y a privation de travail manuel pendant un ou plusieurs jours pour les élèves qui ne se rendent pas dans l'atelier qui leur est désigné ; les retardataires sont privés du costume de travail ; on les occupe à faire divers exercices au tableau noir de l'atelier.

Travail journalier (2).

ATELIERS	LUNDI	MARDI	MERCREDI	VENDREDI	SAMEDI
Modelage	séries A B	séries C D	E A	B C	D E
Forge.	C	E	B	D	A
Menuiserie.	D E	A B	C D	E A	B C

Spécialistes (2).

MODELAGE ET SCULPTURE			MENUISERIE ET ÉBÉNISTERIE		
NOMS	TOUR	FORGE	NOMS	FORGE	MODELAGE
Henri	mardi.	vendredi.	Alfred.	mardi.	mercredi.
Léon	lundi.	mercredi.	Maurice	lundi.	samedi.

FORGE ET MÉCANIQUE			TOURS A BOIS ET A MÉTAUX		
NOMS	MENUISERIE	MODELAGE	NOMS	FORGE	MODELAGE
Charles	lundi.	vendredi.	Paul.	mercredi.	samedi.
Mathieu.	vendredi.	samedi.	Louis	mardi.	vendredi.

Composition des séries.

SÉRIE A	SÉRIE B	SÉRIE C	SÉRIE D	SÉRIE E
Gilbert.	Adolphe.	Léopold.	Gabriel.	Sylvestre.

ENSEIGNEMENT MANUEL.

L'enseignement manuel comprend quatre parties : la technologie, la théorie, le tracé des épures à une échelle donnée et l'exécution du travail à l'aide de l'outillage. Cette dernière est exclusivement du ressort des maîtres-ouvriers, les autres parties doivent être enseignées par les instituteurs.

Pour faciliter l'enseignement manuel, l'école de la rue Tournefort s'est procuré diverses collections, des estampes, des modèles, des livres et quelques appareils. En voici le catalogue :

Collections.

1. Bois indigènes, exotiques.
2. Échantillons des fers laminés.
3. Figures géométriques planes en zinc noirci, et solides en bois, simples et décomposables (Brérion, 13, rue du Fouarre).
4. 95 assemblages en bois et en fer.
5. 3 fermes pour apprendre à nommer les pièces de charpente.
6. Minéraux les plus usuels, cuirs, tissus, graines, produits alimentaires, pharmaceutiques et industriels.
7. Coquillages, médailles, monnaies, objets ouvrés, dits articles de Paris.
8. Machines simples : poulies et engrenages ; treuil, cabestan, grue, sonnette, cric, etc.
9. Articles servant dans la serrurerie.
10. Tableaux Dorangeon (Delagrave).
11. Tableaux Deyrolle, chez l'auteur, rue de la Monnaie.
12. Moulures droites, profilées à angle droit d'un bout, en quart de cercle de l'autre.
13. Moulures courbes et moulures faites avec outils détachés.
14. Gabarits en zinc pour tracer les travaux élémentaires.
15. Produits chimiques (Rousseau, rue des Écoles).
16. Collection d'animaux de M. Philippon jeune (Garcet et Nisius, 76, rue de Rennes).

Estampes.

1. Estampes de la maison Bouasse-Lebel.
2. Catalogues de quincailleries, fer, fontes, moulures, etc., avec figures.

Modèles.

1. Modèles en plâtre de l'École des Beaux-Arts et autres modèles simples de Lorenzi (15, rue Racine).
2. Modèles et épures de stéréotomie de M. Monduit (41, avenue de Clichy).
3. Modèles de la collection Chesleville (Delagrave).

Livres.

1. Dictionnaire des termes employés dans la construction.
2. Dictionnaire analogique.
3. Manuels Roret, menuisier, serrurier, tourneur.
4. L'ouvrier mécanicien, par A. Ortolan.
5. Art du tourneur, 1re partie (Lacroix).
6. Cours de dessin industriel, par Bardin.
7. Traité de la charpenterie, par E. Emy (excellent ouvrage, difficile à trouver).

Appareils.

1. Appareil de Trémeschini pour la cosmographie (Picard-Bernheim).
2. Appareils pour la topographie, levé des plans, nivellement.
3. Appareils de physique et de chimie de M. Leblanc.

En ce qui concerne l'enseignement en lui-même, on peut avoir une idée complète de la façon dont il est organisé en examinant les revues hebdomadaires et les comptes rendus mensuels du travail manuel.

Revues hebdomadaires.

Ces revues se font le samedi dans le cours supérieur et dans les classes du cours moyen. On peut, si l'on veut, les appeler des sabbatines. M. Saliris, qui conseille ce genre d'exercice, dit avec raison que l'élève qui entend parler une deuxième fois d'une chose, et surtout s'il en prend note, la fixe beaucoup mieux dans sa mémoire.

Exemple de Revue hebdomadaire du 1er au 5 novembre.

LUNDI. *Morale.* — Les devoirs des enfants envers leurs parents et réciproquement. — Devoirs envers la société.
Physique. — Préliminaires. — Propriétés générales des corps. — La pesanteur. — Lois de la chute des corps.
Grammaire. — Analyse au tableau.
Dessin d'art. — Leçon de perspective. Correction des problèmes de la composition.

MARDI. — Correction du devoir de grammaire. *Dictée* (Kléber et Desaix).
Écriture.
Histoire. — La Gaule romaine, les invasions.
Géographie. — Les côtes de France.

MERCREDI. — *Interrogation* en calcul, en géométrie, en histoire
Composition en orthographe.
Préparation des carnets de travail manuel.
Musique.
Géographie. — France, carte muette. Bornes. Montagnes

JEUDI. — *Géographie.*
Interrogation en calcul.
Leçon d'Écriture.
Architecture. — Les moulures.

VENDREDI. — *Enseignement civique.* — Préliminaires.
Interrogation en géographie.
Calcul et géométrie.
Dessin d'Art.
Interrogation en calcul.

SAMEDI. — Présente revue.

Résumés journaliers du travail manuel dressés par les moniteurs.

Année scolaire 1883-1884

CLASSE DES APPRENTIS
MENUISERIE ET ÉBÉNISTERIE

Lundi.   octobre 1883

ÉTABLIS ET NOMS	MATIN	SOIR	CROQUIS CORRESPONDANT
1. Gautier.	Assemblage à onglet.	Continuation.	Signature des moniteurs.

COURS... . . . (Fait par les Instituteurs.) Directeur : B. LAUBIER

Compte rendu de l'enseignement manuel pendant le mois.

(contrôlé par M. Salicis).

.... DIVISION (Exemple pour une semaine dans chaque classe.) Instituteur :

	LUNDI	MARDI	MERCREDI	JEUDI	VENDREDI	SAMEDI	OBSERVATIONS
COURS SUPÉRIEUR	1 Menuiserie : Assemblage à tenons et mortaise d'onglet. Assemblage oblique, Exercices à la scie à refendre. Tour : Balustre, pied de table. Forge : Réparation d'outils. Exercices de forge.	2 Menuiserie : Assemblages divers, Crédillons avec mortaises. Exercices au ciseau et à la gouge. Tour : Canelure Louis XIV. Forge : Exercices à la lime d'Allemagne. [L'adhésion d'aquettes y est comprise.]	3 Menuiserie : Décroupage de bois de hêtre ; corroyage et dressage à la varlope. Tour : Exercices à la plane, cylindre et cône. Forge : Continuation.	4 Bataillon scolaire. Modelage : Feuille d'eau. Sculpture sur bois : Grecques.	5 Leçon de M. Laubier. Revision des matières précédemment indiquées. Continuation des travaux précédents.	6 Menuiserie : Travaux divers ; préparation à la sculpture sur bois, Cadre.	de l'instituteur adjoint. / du Directeur. / Bien.
COURS MOYEN	8 Modelage.	9 Travail manuel. Leçon technique : Le merisier.	10 Enseignement scientifique. Pesanteur des liquides. Vases communiquants. Presse hydraulique.	11 Travail manuel. Leçon technique : Les clous, les vis, la quincaillerie. Dessin, Lecture.	12 Modelage.	13 Travail manuel. Exercices ordinaires de menuiserie, d'ajustage, de tour.	du Directeur. / Trop théorique.
COURS ÉLÉMENTAIRE	15 Modelage. Une feuille.	16 Leçon technique : L'alimentation ; animaux et végétaux servant de nourriture à l'homme. Le jardin, légumes. Le verger, fruits. La culture maraîchère aux environs des villes.	17 Atelier. Leçon théorique : Les bois résineux. Menuiserie, tour et forge : exercices élémentaires ordinaires.	18 Notions de dessin géométrique. Les angles droit, aigu, obtus ; leur tracé. Angles de 135, 45, 30°. Dessin d'application.	19 Dessin. Angle pierre ; croix feuille.	20 Leçon technique : Le sel, Mines de sel gemme. Sources salines. Causes de la salure des eaux de la mer. Marais salants. Usages du sel.	du Directeur. / Pas assez explicite p' l'atelier.

Carnets de réduction journalière.

En entrant à l'école, chaque élève reçoit un carnet dont la première page contient tous les renseignements indiqués ci-après, et les autres, la suite des travaux exécutés par l'élève, texte et croquis (ci-contre).

ÉCOLE DE LA RUE TOURNEFORT

CLASSE SPÉCIALE DES APPRENTIS

Année scolaire 1883-84.

Nom :

Prénoms :

Lieu de naissance :

Date :

Fils de :

Profession :

Domicile :

Entré à l'école

Admis à la classe spéciale, le

Tours de travail Série B.
- Lundi : Modelage.
- Mardi : Forge.
- Mercredi : Modelage.
- Jeudi : Modelage.
- Vendredi : Modelage.
- Samedi : Tour.

Spécialisé le

pour le modelage.

J'ai reçu le tablier le n° 35.

Intérieur du carnet.

DATE	TRAVAUX EXÉCUTÉS	CROQUIS (AVEC LES DIMENSIONS)
Octobre 1884		
8	J'ai été à la sculpture et j'ai fait un milieu de chapiteau sur un morceau de hêtre.	
9	J'ai été à la forge et j'ai fait un assemblage à queue d'aronde.	

Méthode suivie pour l'enseignement du travail manuel.

Le principe de cette méthode est basé sur la diversité des occupations.

Ainsi qu'on peut s'en rendre compte par l'examen du tableau donnant la répartition des élèves dans les ateliers, chaque élève, arrivant à l'école, est désigné pour tel ou tel atelier et va tous les jours ou au moins tous les deux jours dans un atelier différent. Il s'habitue ainsi aux travaux de tous genres dont on s'occupe à l'école. Son attention est constamment éveillée et l'habileté de la main n'y perd pas le moins du monde.

Avant d'exécuter l'objet qui lui est indiqué, il fait un dessin exact de cet objet (menuiserie, forge), ou un croquis rapide (modelage et sculpture). Cette façon d'opérer le met évidemment à même de bien comprendre ce qu'il doit faire et laisse une trace parfaitement nette dans son esprit, en même temps que, sur le carnet de rédaction journalière, il enregistre avec soin ce qu'il a vu exécuter.

De plus, l'ordre qu'on l'oblige à apporter dans les moindres détails sur son carnet et ses cahiers, règne également à l'atelier, où, la journée étant finie, tout est exactement et proprement à sa place.

But de l'enseignement manuel. — Le but de cet enseignement dans les écoles communales n'est pas d'arriver à produire des apprentis habiles (à quelques exceptions près), ainsi qu'on le sait, mais de mettre les jeunes gens à même de se tirer d'affaire plus tard dans certaines occasions. S'il en est parmi eux qui désirent aller dans les écoles du gouvernement où un temps plus long est consacré au travail manuel, comme les Écoles d'Arts et Métiers par exemple, en passant évidemment par les écoles qui y préparent, quelle facilité ils ont pour réussir !

Entrant dans ces dernières écoles à douze ans, ils ont déjà fait six ans de travail manuel dans les conditions indiquées à l'emploi du temps, puisqu'ils le commencent en entrant à l'école.

De plus, dans les premiers temps de l'apprentissage manuel, on n'exige pas d'eux, et avec raison, un travail complètement fini, bien fait ; on procède d'abord par à peu près, et l'on arrive insensiblement à de véritables progrès, comme il nous a été facile de le vérifier.

En outre, la façon dont on stimule leur émulation entre aussi pour une bonne part dans la progression de leurs études. Une liste circule le samedi dans toutes les classes ; les maîtres indiquent huit ou dix élèves qui, par leur exactitude, leur application à leur travail, méritent d'y figurer. Les élèves des premières classes qui y sont inscrits ont acquis le droit d'emprunter un livre de la bibliothèque. — L'apposition d'un cachet spécial sur le cahier des devoirs indique l'inscription au tableau d'honneur dont cette liste fait mention. Les inscriptions sont totalisées à la fin de l'année ; elles deviennent la base de récompenses proportionnelles. On a vu des élèves se désoler, parce que leurs noms ne figuraient pas ou cessaient de figurer au tableau d'honneur. — Aussi de notables améliorations se sont-elles produites chez beaucoup d'entre eux.

En résumé, la méthode d'enseignement est tout entière contenue dans ces mots :

Diversité, facilité, attrait dans l'exécution du travail.

Ces trois conditions, on le comprend, sont des garanties certaines de succès.

Aux renseignements que nous venons de donner, sont jointes les photographies représentant la gradation des ouvrages de menuiserie, de forge, de tour, de modelage et de sculpture, qui donneront une idée à peu près complète des travaux exécutés à l'école.

Je ne puis terminer cet exposé sans adresser mes plus sincères remerciements au Directeur de l'école de la rue Tournefort, M. Laubier, qui a mis à ma disposition, avec une bienveillance et une amabilité parfaites, tous les documents nécessaires à la prise en note des renseignements demandés.

P. GAY,
Ancien élève de l'École nationale d'Angers,
Répétiteur à l'École municipale Lavoisier.

TABLEAU DE L'EMPLOI DU TEMPS
À L'ÉCOLE DE LA RUE TOURNEFORT

Heures : VIII . IX . X . XI . XII . I . II . III . IV . V . VI .

Lundi

Leçons de choses

Classe				
CLASSE SPÉCIALE	Instr. morale et civ.	Lecture	Modelage et sculpture — Menuis., tour et forge	Langue française
1re CLASSE	Menuiserie, tour et forge	Écriture	Langue française	
2e CLASSE	Modelage	Technologie	Lecture	Langue française
3e CLASSE	Technologie	Morale	Lecture	Langue française
4e CLASSE	Technologie	Morale	Lecture	Langue française

Lecture courante, explications

Classe					
CLASSE SPÉCIALE	Géométrie — Modelage et sculpture, Menuis., tour et forge	Musique	Physique chimie ou mécanique	Calcul et système métrique	
1re CLASSE	Calcul	Géométrie	Musique	Morale	Gymnastique
2e CLASSE	Calcul	Écriture	Histoire de France	Morale	Gymnastique
3e CLASSE	Calcul	Écriture	Histoire et géographie	Lecture	
4e CLASSE	Calcul	Écriture	Hist. et géogr.	Modelage	Lecture

Mardi

Entretiens sur l'histoire de France

Classe				
CLASSE SPÉCIALE	Dessin d'art	Écriture	Modelage et sculpture — Menuis., tour et forge	Histoire de France
1re CLASSE	Dessin linéaire — Dessin d'art	Lecture	Langue française	
2e CLASSE	Menuiserie, tour et forge	Technologie	Lecture	Langue française
3e CLASSE	Modelage	Morale	Lecture	Langue française
4e CLASSE	Technologie	Morale	Lecture	Langue française

Lecture courante, explications

Classe				
CLASSE SPÉCIALE	Outils et croquis — Modelage et sculpture, Menuis., tour et forge	Géographie	Gymnastique	Géométrie
1re CLASSE	Calcul	Histoire et géographie	Modelage	Morale
2e CLASSE	Calcul	Écriture	Géographie	Morale
3e CLASSE	Calcul	Écriture	Menuiserie et forge	Exercices de mémoire
4e CLASSE	Calcul	Écriture	Histoire et géographie	Exercices de mémoire

Mercredi

Entretiens sur la cosmographie, la géographie et la physique

Classe				
CLASSE SPÉCIALE	Instr. morale et civ.	Calcul rapide	Modelage et sculpture — Menuis., tour et forge	Langue française
1re CLASSE	Menuiserie, tour et forge	Technologie	Exercices de mémoire	Langue française
2e CLASSE	Technologie	Sciences physiques et naturelles	Lecture	Langue française
3e CLASSE	Technologie	Morale	Lecture	Langue française
4e CLASSE	Technologie	Morale	Lecture	Langue française

Lecture courante, explications

Classe					
CLASSE SPÉCIALE	Mathématiques — Modelage et sculpture, Menuis., tour et forge	Musique	Minéralogie et botanique	Calcul et système métrique	
1re CLASSE	Calcul	Écriture	Musique	Morale	
2e CLASSE	Calcul	Dessin linéaire	Histoire de France	Morale	
3e CLASSE	Calcul	Écriture	Histoire et géographie	Lecture	Gymnastique
4e CLASSE	Calcul	Écriture	Hist. et géogr.	Menuiserie et forge	Lecture — Gymnastique

Jeudi

Exercices sur le dessin linéaire

Classe			
CLASSE SPÉCIALE	Modelage, montage et sculpt. — Dessin d'art	Langue française	Tenue des livres
1re CLASSE	Dessin d'art — Modelage	Sciences physiques et naturelles	
2e CLASSE	Menuiserie, tour et forge	Dessin linéaire	Leçons de choses
3e CLASSE	Technologie	Dessin linéaire	Leçons de choses à l'atelier — Lecture
4e CLASSE	Technologie	Dessin linéaire	Leçons de choses à l'atelier

Jeux de div. élèves	Modelage, montage, sculpture — Dessin linéaire, lecture	Archéologie

Dans l'après-midi du jeudi, les promenades, à titre de récompense, ont lieu sous la conduite de deux maîtres.

Elles ont en général pour but de procurer de l'exercice aux enfants, et, quand le temps est douteux, elles sont consacrées à des visites à la fois agréables et instructives.

Les élèves sont admis le dimanche, de neuf heures à midi et d'une heure à quatre heures, pour jouer ou prendre part à de petites conférences amusantes.

Les maîtres-ouvriers ont une demi-heure pour préparer leurs leçons à partir de neuf heures et de une heure. Les élèves reçoivent pendant ce temps une leçon de technologie dans leurs classes respectives, ou bien ils sont exercés sur les matières du programme.

Vers dix heures et vers deux heures et demie, les classes sont interrompues pour la sortie et le repos prescrits par le règlement.

À quatre heures, les élèves de la classe spéciale se rendent dans la cour ou au réfectoire pour y faire une légère collation.

Vendredi

Entretiens sur la langue française

Classe				
CLASSE SPÉCIALE	Instr. morale et civ.	Géographie à la carte	Modelage et sculpture — Menuis., tour et forge	Histoire de France
1re CLASSE	Menuiserie, tour et forge	Technologie	Écriture	Langue française
2e CLASSE	Modelage	Technologie	Lecture	Langue française
3e CLASSE	Technologie	Morale	Lecture	Langue française
4e CLASSE	Technologie	Morale	Lecture	Langue française

Lecture courante, explications

Classe					
CLASSE SPÉCIALE	Mathématiques — Modelage et sculpture, Menuis., tour et forge	Dessin linéaire	Zoologie, Hygiène, Anatomie	Géométrie	
1re CLASSE	Calcul	Géométrie	Histoire et géographie	Morale	Gymnastique
2e CLASSE	Calcul	Géographie	Musique	Morale	Gymnastique
3e CLASSE	Calcul	Écriture	Histoire et géographie	Lecture	
4e CLASSE	Calcul	Écriture	Hist. et géogr.	Modelage	Lecture

Samedi

Exercices sur l'arithmétique, le système métrique et la géométrie

Classe				
CLASSE SPÉCIALE	Revue hebdomadaire	Exercices de mémoire	Modelage et sculpture — Menuis., tour et forge	Langue française
1re CLASSE	Dessin d'art	Technologie	Lecture	Langue française
2e CLASSE	Menuiserie, tour et forge	Technologie	Lecture	Langue française
3e CLASSE	Modelage	Morale	Lecture	Langue française
4e CLASSE	Technologie	Morale	Lecture	Langue française

Lecture courante, explications

Classe				
CLASSE SPÉCIALE	Mathématiques — Modelage et sculpture, Menuis., tour et forge	Révision et interrogations	Gymnastique	Calcul et système métrique
1re CLASSE	Calcul	Histoire et géographie	Modelage	Morale
2e CLASSE	Calcul	Écriture	Exercices de mémoire	Morale
3e CLASSE	Calcul	Écriture	Menuiserie et forge	Exercices de mémoire
4e CLASSE	Calcul	Écriture	Histoire et géographie	Exercices de mémoire

ORGANISATION DES ATELIERS

Nous voulons que nos élèves acquièrent des habitudes d'ordre, de soin, de propreté ; car nous sommes persuadés que ces habitudes ont une grande influence sur leur moral, et que, par une conséquence logique, le travail façonné par leurs mains devra s'en ressentir.

Pour arriver à cela, souvenons-nous de la vieille maxime : « Une place pour chaque chose et chaque chose à sa place », elle doit être littéralement mise en pratique. Mais il ne suffit pas qu'un outil soit fixé avec un clou ou avec un crochet sur le mur, que tel autre soit placé au-dessus, à côté, ou au-dessous ; c'est un commencement de rangement, nous en convenons, mais il ne satisfait pas toujours l'œil, et souvent il nous éloigne du but que nous voulons atteindre, qui consiste à rendre faciles les leçons techniques. Ceci va être expliqué plus loin.

Menuiserie. — Entrons chez un menuisier. N'éprouvons-nous pas le plus souvent une vive répulsion à la vue d'établis mal rangés, d'outils placés sans ordre sur les murs. Il y en a peu qui traînent, il est vrai ; mais quel goût a présidé à leur rangement ? Nous faisons cependant la part des choses. Ce patron a un espace très restreint, le temps lui manque, ses affaires l'absorbent. Il n'a pas, d'ailleurs, de cours de technologie à faire à ses apprentis. Ceux-ci sont forcés de s'en passer. Continuons notre inspection et entrons chez un serrurier. Oh ! le plus souvent aussi, nous trouverons le même désordre. Pour nous en convaincre, si l'aspect général de l'atelier ne nous suffit pas, ouvrons quelques tiroirs, nous y trouverons, entassés sans ordre, des outils tranchants avec des limes, des tarauds, des forets, etc. Il y a, empressons-nous de le dire, d'heureuses exceptions. Mais là encore, dans les ateliers les mieux tenus, rien n'est disposé pour les leçons techniques. Inutile de pousser plus loin nos investigations, si ce n'est pour appuyer ce que nous avons énoncé : que nulle part l'outillage n'est disposé pour l'instruction des apprentis. Aussi ce manque d'ordre favorise-t-il les larcins. Que d'outils manquent souvent à l'appel !

Que faut-il donc faire ? Simplement rompre avec la routine. Faire procéder au rangement du mobilier ou de l'outillage, comme pour ce qu'on a pu remarquer dans un musée, dans un arsenal, dans un navire. Vous avez trois objets de hauteurs inégales, placez le plus grand au centre, les autres de chaque côté sur la même ligne de niveau. Placeriez-vous les fusils la crosse en l'air, les lances la pointe en bas ? Non ; qu'il en soit de même pour les outils emmanchés : ciseaux, bédanes, râpes, limes, etc. Les manches sont peints, couleur de noyer ou vieux chêne et vernis. Les viroles sont luisantes. Ces outils sont rangés par catégories ; ils sont séparés par des clous à tête polie, sur des planches de 30 centimètres de large, inclinées à 60 degrés, munies en bas d'une bordure de 5 centimètres et fixées à chaque bout sur une console clouée au mur de même hauteur.

Les étagères sont peintes uniformément. Le tout est d'un aspect fort agréable. Placés de cette manière, au lieu d'être mis dans des entailles, qui souvent ne sont pas de mesure, on est assuré que, s'ils tombent, ils s'endommagent moins. De plus, la planche inclinée les préserve de l'humidité des murs. Pour le placement des presses, reportons-nous au rangement des livres d'une bibliothèque. N'alignons-nous pas les livres parallèlement au bord des rayons ? Faisons de même pour les presses, plaçons-les aussi sur des rayons. Les ouvriers se récrieront ; n'ayons aucun souci de leurs observations à cet égard, et efforçons-nous de détruire ce que la routine invétérée voudrait encore introduire dans l'appellation des outils, et surtout d'empêcher certaines locutions ou manières d'agir qui ne doivent plus exister de nos jours.

Les établis doivent être également espacés et placés de front sur une même ligne. Des clous de tapissier, ou des vis en cuivre, ou des raies peintes sur le sol, marquent exactement leur emplacement. Pour nos élèves, ils doivent avoir 1^m,80 de long, 0^m,75 de haut et de 0^m,45 à 0^m,50 de large.

Les bouvets, rabots ronds, mouchettes, feuillerets, doucines, talons, cavets, baguettes, guillaumes, en un mot, tous les outils du menuisier et du moulurier doivent être placés sur deux tringles horizontales en bois espacées convenablement et formant une inclinaison de 60 degrés. Celle du bas est munie d'une bordure. Elles sont fixées à chaque bout dans des entailles pratiquées dans des consoles. Les outils sont placés sur les tringles, de manière à bien faire voir la partie tranchante. Le maître, muni d'une baguette, ne peut-il pas, là encore, donner à ses élèves une excellente leçon technique ?

Les outils servant au forage seront également rassemblés. Les mèches, les fraises, les tournevis au fût, les alésoirs, etc., sont placés, pointe en l'air, dans des trous pratiqués sur une étagère formée de plusieurs gradins, consoles à chaque bout, consoles uniformes autant que possible. Pour faire à peu de frais ces consoles, on les taille en les alternant à 0^m,60 dans des planches de peuplier de 0^m,027 d'épaisseur et de 0^m,25 à 0^m,30 de largeur. On leur donne la forme d'un triangle obtusangle scalène. Le grand côté est fixé sur le mur, le petit côté est tourné vers le bas. Inutile d'ajouter que la partie qui est opposée à celle qui touche au mur est découpée pour lui donner un aspect plus agréable. Les vrilles sont à l'avant, chacune dans un piton ouvert qui lui est proportionné, elles ont la pointe tournée vers le sol.

Les scies sont placées par séries, soit verticalement, soit suivant l'inclinaison qu'elles affectent. Il faut bien observer, si elles sont à dents obliques, de les placer de manière que les pointes ne soient pas tournées vers le sol.

Quant aux autres outils, excepté ceux dont il va être parlé dans l'alinéa suivant, on les place sur des panneaux fixés sur les murs en observant le plus de symétrie possible.

Les outils à usage particulier sont placés symétriquement sur les établis aux endroits indiqués par des raies au crayon. Ils portent le même numéro que l'établi. On se sert pour cela de deux jeux de vignettes de 15 et de 40 millimètres. Si l'établi a deux presses, comme ceux de l'école de la rue Tournefort, le dessus est muni de deux séries de varlopes (pour de vrai), de riflards, de rabots, de maillets et de valets. La deuxième série porte les mêmes numéros que la première, mais ils sont suivis d'un gros point. Faire perdre l'habitude de frapper sur le valet quand on ne s'en sert plus, on lui ferait perdre son élasticité. On perd du temps pour l'arracher et l'on agrandit les trous dans lesquels on l'introduit. Le devant de l'établi porte sur une planchette fixée verticalement un chasse-clous, une pointe à tracer, un mètre pliant, un crayon, une petite équerre, une équerre à onglet, un marteau, un compas et un trusquin. Sur une planchette fixée au bout opposé, on place une grande équerre, une grande équerre à onglet, deux petites règles à hormoyer, la boîte à graisse et la brosse à nettoyer. On ne doit rien mettre dans la boîte ou le fond de l'établi ; on y place les outils lorsque le tablier de l'établi doit être libre. Le tiroir ne doit renfermer que les croquis cotés des travaux exécutés ou ceux qui sont en cours d'exécution.

La leçon terminée, chaque élève nettoie le dessus de l'établi, met les outils aux endroits désignés, nettoie sa place et amène poussière et copeaux dans le passage. Un élève, muni d'un grand balai, pousse le tout où il le faut. Les copeaux surabondants pour le service de l'école sont attribués aux élèves qui en désirent ; on suit, pour cette répartition, un ordre rigoureusement alphabétique.

La provision de bois de travail est répartie par séries dans des armoires cloisonnées. Les bois en grume, les membrures, les chevrons, les planches ou voliges de bois durs, de bois tendres, de bois résineux, les tringles et les moulures occupent un emplacement distinct. Matière encore pour d'excellentes leçons techniques.

Tour. — Pour le tour, il faut placer les outils sur un plan incliné, comme il a été dit pour les ciseaux, bédanes, râpes, limes, etc., de menuiserie, au lieu de les mettre manche en l'air dans la rainure pratiquée à l'arrière. Pourquoi agir ainsi? pour faciliter encore les leçons techniques. Autrement, ne voyant que les manches, on risque de déplacer dix outils avant de trouver celui qu'on veut décrire. Les mandrins se fixent sur un panneau dans lequel, à des distances convenables, on a enfoncé des clous dits *à bateau* ou *à tête de diamant* ; on présente le côté fileté de ces mandrins, de manière que la tête des clous, en tournant, le mandrin les retient suffisamment. Encore là, matière pour leçon technique.

Les modèles de tour sont refendus, c'est le meilleur moyen, en traçant sur la section l'axe de symétrie et des parallèles transversales correspondant aux limites de chaque moulure, de bien faire comprendre à l'élève comment on peut évaluer les cotes et comment on peut imiter d'une manière exacte le modèle, soit pratiquement, soit graphiquement.

Les dessins cotés sont *placés à proximité* du tour et le modèle est devant l'élève lorsqu'il travaille.

Ajustage et forge. — Pour l'ajustage, il faut placer devant chaque étau les outils à usage particulier. D'abord, sur un petit panneau vertical : une lime allemande des 2 et une des 3, une demi-ronde des 2 et une des 3, quatre bâtardes de différentes tailles et longueurs, un tiers-point et une ronde, une équerre à 90 degrés, une à 135 degrés, une règle en fer, un compas, une pointe à tracer en acier et une en cuivre. Sur une petite boîte placée entre ce panneau et l'étau : un ciseau à froid, un bédane, un pointeau, un chasse-rivets ; dans la boîte, les dessins des travaux exécutés ou en cours d'exécution. Entre la boîte et l'étau, un marteau et un rivoir. De chaque côté de la boîte, des mordaches en plomb et des mordaches en cuivre. Dans les mâchoires de l'étau, un morceau de bois de 0^m,004 d'épaisseur, retenu un banc par une chaînette. Suspendues au banc, des mordaches en bois. Les étaux ont une hauteur variant de 0^m,90 à 1 mètre.

Les outils à usage commun sont disposés comme ceux de la menuiserie et du tour, sur des étagères inclinées.

Les fers pour le travail sont rangés par séries sur des chevrons placés de manière à former un plan incliné de 80 degrés ; des patères séparent les diverses sortes. Si l'on installe une forge, elle ne doit pas avoir plus de 0^m,80 de hauteur.

Modelage et sculpture. — Le modelage exige, pour plus de commodité, des porte-modèles, et, placés devant, de petits chevalets inclinés. Le modèle est incliné en avant, le chevalet en arrière. Ce système est particulier à l'école de la rue Tournefort : il fatigue moins la vue.

Les outils servant au modeleur sont placés sur plans inclinés montés sur deux balustres, dont l'extrémité inférieure pénètre dans des trous de l'établi, de manière que ces sortes d'étagères puissent être enlevées facilement.

Auprès de chaque chevalet se trouvent : une raclette, un crayon d'ardoise, un linge mouillé et une petite planchette carrée pour recevoir l'argile. Les ébauchoirs, placés dans les étagères, et numérotés, sont choisis par l'élève au moment où il doit s'en servir.

Les modèles sont aussi numérotés et doivent être replacés sur les murs aux endroits où se trouvent les numéros correspondants.

La sculpture sur bois ou sur pierre exige de nombreux outils ; ils sont tous placés comme les ébauchoirs sur des étagères mobiles.

Inutile d'ajouter que, dans tous ces ateliers, les murs doivent être garnis de tableaux appropriés pour les leçons techniques et la gradation du travail. Tout, dans un atelier scolaire quelconque, doit parler aux yeux.

Rien ne doit être dissimulé aux élèves, ils doivent être initiés à tous les secrets des professions qu'on enseigne.

Les travaux des élèves, dûment enregistrés, pour donner lieu à des récompenses, doivent être appliqués sur les murs. C'est un moyen puissant d'émulation en même temps qu'on trouve là la facilité d'ornementer des murs qui, sans cela, n'ont rien moins que l'aspect d'un cloître, d'une caserne ou d'une prison.

En procédant ainsi, les ateliers prendront un aspect qui plaira, et l'on entendra de nouveau cette expression spontanée d'un visiteur de l'école de la rue Tournefort, qui paraissait ravi : « *Cela fait faim de travailler.* »

PREMIÈRE PARTIE

MENUISERIE

Les objets de menuiserie sont représentés en élévation et en profil vertical ; quelques-uns, renfermant des parties évidées, sont représentés en élévation et en coupe verticale. Dans la planche I, les profils des figures depuis n° 1 jusqu'à n° 12 sont indiqués par des hachures simples ; les parties coupées des figures 13, 14, 15 et 16 sont indiquées par des hachures croisées. Dans la planche II, la partie de chaque profil qui n'est point coupée par l'élève ou, si l'on veut, la semelle de chaque objet, est indiquée par des hachures simples. Pour les assemblages, nous avons employé la méthode ordinaire, qui consiste à représenter d'abord les deux pièces assemblées sur le plan vertical, puis chaque pièce séparément, sur ce même plan vertical après un quart de révolution autour d'une arête. On dit quelquefois qu'on a *donné quartier* à chaque pièce.

Les coupes obliques, dans les assemblages, sont indiquées par des hachures parallèles à une arête, et ces hachures sont faibles ou fortes selon que les surfaces sont éclairées ou ombrées.

Les numéros sont ceux des tableaux en phototypie.

L'emploi des traits fins et des traits forts est basé sur les conventions suivantes :

I. *Trait fin.* — On emploie le trait fin dans trois cas :

1° Pour séparer deux surfaces éclairées ;

2° Pour séparer deux surfaces non éclairées formant un creux ;

3° Pour le contour apparent des corps ronds, comme les cylindres, les cônes, les sphères et les surfaces de révolution.

II. *Trait fort.* — On emploie le trait fort dans deux cas :

1° Pour séparer une surface éclairée d'une surface non éclairée ;

2° Pour séparer deux surfaces non éclairées formant saillie ou arête vive.

N. B. — On suppose que la projection verticale du rayon lumineux est une ligne à 45 degrés. Il en résulte que les arêtes vives qui sont parallèles à cette direction peuvent être indifféremment en trait fin ou en trait fort. Nous les avons dessinées invariablement en trait fin.

PLANCHE I

FIG. 1, 2, 4 ET 5.

1° **Construction**. — Pour ces exercices élémentaires à l'usage des jeunes enfants, on se borne à appliquer un gabarit ou patron en zinc sur de petites planchettes de 0m,15 de longueur, 0m,04 de largeur et 0m,015 d'épaisseur, en sapin ou en peuplier, et à suivre les contours avec la pointe d'un crayon. On utilise toutes les courbes composant les moulures simples et les moulures composées.

2° **Exécution**. — Les petites planchettes sont placées dans les presses de l'établi (nous supposons une presse de chaque côté) ou dans des étaux dits de sculpteur, qu'on fixe à chaque bout de l'établi ou bien sur les côtés. L'enfant, muni de râpes d'abord et de limes ensuite, enlève les parties du bois qui se trouvent en dehors du trait. Veiller à ce que la position de l'enfant et la tenue de l'outil soient bonnes. Le trait doit toujours être conservé. Les commençants ne font le dessin des pièces qu'ils exécutent, qu'après leur achèvement.

FIG. 6.

1° **Construction**. — Sur une planchette rectangulaire ayant 160 millimètres de long et 50 de large, on trace des horizontales distantes de 10 millimètres.

2° **Exécution**. — Cet exercice nécessite l'emploi de la scie, d'un bédane et d'un ciseau ; ces deux derniers outils ont une largeur proportionnée aux parties qui doivent être enlevées. Il est bon de remarquer que le travail ne doit être entrepris au bédane ou au ciseau que d'un côté d'abord, et qu'on le continue de l'autre côté, après avoir fait faire à la pièce une demi-révolution.

Pour apprendre à se servir de la scie, il faut approcher l'ongle du pouce de la main gauche près du trait ; tirer deux ou trois fois la scie vers soi ; puis, la voie étant ainsi préparée, pousser la scie légèrement en avant. Il faut veiller à ce que la scie, toujours conduite par une seule main, ne penche ni à droite ni à gauche. On trouve moyen de faire utiliser par ces commençants toutes les pièces qui ont été manquées par d'autres élèves, soit à la menuiserie, soit au tour, soit à la sculpture. C'est la dernière transformation qu'elles subissent avant de passer au feu.

FIG. 7.

1° Construction. — Une planchette rectangulaire a 160 millimètres de long et 50 de large. On porte 14 divisions de 11 millimètres sur le côté droit, de bas en haut, et 14 divisions de 11 millimètres sur le côté gauche, de haut en bas, puis on trace des obliques.

2° Exécution. — La vue seule du dessin suffit pour comprendre comment cet exercice doit être fait. La pièce étant terminée d'un côté, on peut recommencer le même exercice du côté opposé, si l'épaisseur de la planchette le permet. On peut encore, s'il n'y a pas assez d'épaisseur, enlever les petites parties saillantes, dresser la surface et évider la pièce comme il est indiqué aux figures 13, 14, 15 et 16. On se sert alors d'une mèche à trois pointes dite *mèche anglaise*, d'une scie à guichet, d'une râpe et d'une lime pour achever le travail. (L'emploi d'une mèche à trois pointes nécessite une petite explication ; pour éviter de faire éclater le bois, il faut, dès que la pointe centrale paraît sur le côté opposé où l'on perce, retourner la pièce et continuer à percer en appliquant la pointe centrale dans le trou qu'elle a produit.)

FIG. 8.

1° Construction. — 10 rectangles égaux, dont 6 en relief et 4 en creux ; 2 carrés égaux en relief.

2° Exécution. — Cet exercice se fait comme le précédent. Le bon emploi du ciseau consiste à attaquer le bois non en suivant ses fibres, ni en les attaquant parallèlement, mais en les coupant suivant un angle de 45 degrés environ et en appuyant légèrement sur la pointe qui tranche le plus nettement.

FIG. 9.

1° Construction. — 6 trapèzes rectangles égaux en relief ; 3 parallélogrammes égaux en creux ; 4 rectangles égaux 2 à 2 en creux.

2° Exécution. — C'est une combinaison des exercices 6 et 7. Mêmes conseils.

FIG. 10.

1° Construction. — 10 rectangles égaux, dont 5 en relief et 5 en creux ; 4 triangles rectangles isocèles égaux 2 à 2 en relief.

2° Exécution. — C'est une combinaison des exercices précédents nécessitant les mêmes conseils.

FIG. 11.

1° Construction. — Au milieu de la planchette un grand losange relié à 2 petits losanges et ceux-ci à des triangles isocèles. Toutes ces figures sont en relief.

2° Exécution. — Un outil appelé *néron* (sorte de ciseau dont l'extrémité du taillant est oblique) rend cet exercice très facile en ce qu'il permet de pénétrer dans les parties qu'un ciseau ordinaire ou un bédane ne pourrait atteindre. L'enfant doit commencer ici à passer ses outils tranchants sur la pierre à huile ou sur le cuir enduit de suif et de potée d'étain. Ce n'est que plus tard qu'on lui enjoindra de les affûter sur la meule.

FIG. 12.

CRÉMAILLÈRE.

1° Construction. — 7 rectangles égaux indiquant des plans inclinés.

2° Exécution. — Cet exercice demande une grande attention, une exécution lente et, nous ne saurions trop le répéter, une bonne attitude. Cette bonne attitude s'acquiert facilement si l'on veut bien imiter la pose que prend toujours un ouvrier habile.

FIG. 13.

1° Construction. — 2 carrés égaux évidés et un trapèze isocèle également évidé.

2° Exécution. — Comme il a été dit à la figure 7, cet exercice nécessite l'emploi d'une mèche à trois pointes montée sur un vilebrequin, puis d'une scie à guichet ; on termine les entailles avec la râpe et la lime.

FIG. 14.

1° Construction. — Un triangle rectangle, un trapèze rectangle, un losange et un rectangle évidés.

2° Exécution. — Voir ce qui a été dit à la figure précédente. Tâcher d'obtenir des angles vifs, des parois bien verticales et des lignes bien régulières.

FIG. 15.

1° Construction. — Un trapèze rectangle, un rectangle et un triangle isocèle évidés.

2° Exécution. — Procéder comme pour les exercices 14 et 15. Laisser toujours paraître le tracé.

FIG. 16.

1° Construction. — Un rectangle, un trapèze isocèle et 4 petits carrés égaux. Toutes ces figures sont évidées.

2° Exécution. — Cette figure est uniquement ajoutée pour faire voir combien il est facile d'étendre la série. Les enfants prennent plaisir à en inventer eux-mêmes.

PLANCHE II

FIG. 17.

1° Construction. — 3 carrés égaux et un demi-carré avec les diagonales représentant des pyramides.

2° Exécution. — Cet exercice résume les difficultés qu'offre la taille du bois ; on voit qu'il s'agit de faire des plans inclinés dans tous les sens. Il nécessite l'emploi de la scie et du ciseau. Bannir l'emploi de la lime, du grattoir, de la peau de squale desséchée, de la pierre ponce, du papier de verre ou d'émeri. Un ouvrier laisse deviner son habileté à la taille nette du bois.

FIG. 18.

1° Construction. — 2 grands rectangles égaux dont les sommets sont joints intérieurement à 2 petits rectangles semblables ; 2 carrés concentriques réunis de la même façon. Ces trois figures représentent des troncs de pyramide.

2° Exécution. — On comprend sans peine que cet exercice a beaucoup d'analogie avec le précédent et qu'il doit être exécuté de la même manière. Il faut conserver soigneusement le tracé des petits plans supérieurs.

FIG. 19.

1° Construction. — 2 grands carrés divisés chacun en 4 petits carrés formant 2 pyramides, et 2 triangles rectangles isocèles divisés en 2 parties égales.

2° Exécution — Procéder de manière à bien trancher le bois pour obtenir les plans inclinés et conserver intact le point culminant des pyramides.

FIG. 20.

1° Construction. — Une planchette rectangulaire a les coins coupés à 45 degrés ; on construit des carrés concentriques dont les sommets sont réunis 2 à 2 et qui représentent des troncs de pyramide.

2° Exécution. — Voir ce qui a été dit à la figure 18.

FIG. 21.

1° Construction. — Une planchette rectangulaire a 150 millimètres de long, 60 de large et 20 d'épaisseur ; aux angles, on dessine 4 triangles rectangles isocèles représentant des plans inclinés ; à l'intérieur, 3 carrés avec les diagonales, représentant des pyramides ; sur les bords, 4 triangles rectangles égaux divisés en deux parties égales par la hauteur et représentant des plans inclinés.

2° Exécution. — Exercice qu'on pourrait considérer comme surabondant si les auteurs de ce travail n'avaient pour but de mettre chacun à même de multiplier les modèles. On ne saurait trop engager à exécuter ce genre de travail. Il est, à la menuiserie, et nous dirons même à la sculpture, ce que sont à la bonne écriture les exercices graphiques qu'on fait faire préalablement aux élèves.

FIG. 25.

1° Construction. — 5 carrés égaux et 2 demi-carrés représentant des plans inclinés qui chevauchent les uns sur les autres.

2° Exécution. — Les plans inclinés doivent avoir leurs contours frappés d'abord, bien perpendiculairement. On enlèvera ensuite les demi-carrés dont la diagonale s'arrête sur les côtés du deuxième plan. Puis on achèvera, en donnant aux plans inclinés la pente qu'ils doivent avoir.

FIG. 22, 23 ET 24.

1° Construction. — Les six constructions qui sont groupées dans ces trois figures ont beaucoup d'analogie entre elles ; en effet, il s'agit, dans chaque cas, de dessiner sur une planchette carrée, ayant 75 millimètres de côté, des figures simples formées de plans de front ou de plans inclinés en relief. Il est donc inutile d'entrer dans les détails de construction.

2° Exécution. — Même manière de procéder que pour les exercices faits sur les planchettes rectangulaires, dont il a été question figures 17 à 21. Observer une symétrie parfaite.

FIG. 27.

1° Construction. — Sur une planchette rectangulaire ayant 184 millimètres de long, 58 de large et 14 d'épaisseur, on construit 2 rectangles égaux de 80 sur 46, et, au milieu de chaque côté de ces rectangles, on décrit un demi-cercle ayant 30 de diamètre.

2° Exécution. — Ici commence l'exercice de la gouge, lorsque sa trace doit rester apparente. On sait qu'il existe des gouges affûtées intérieurement et d'autres qui le sont extérieurement. La première est préférable pour ce genre de travail. Il est inutile de dire que le rayon de la gouge doit être égal ou un peu plus petit que celui de l'arc de cercle dont on doit suivre le tracé.

FIG. 28.

1° Construction. — 4 carrés inclinés à 45 degrés, ayant 40 millimètres de diagonale et distants de 2 millimètres ; à l'intérieur, 4 carrés ayant 20 de diagonale et reliés aux précédents par des droites qui représentent, en réalité, des courbes, comme il est facile de s'en convaincre en examinant le profil.

2° Exécution. — Cet exercice est plus difficile que le précédent. On doit d'abord procéder comme il a été dit à la figure 18 ; puis, la gouge étant choisie (ici la gouge affûtée extérieurement est préférable), il faut lui faire suivre les contours indiqués par le dessin. Bannir l'emploi de l'outil du modeleur, appelé queue-de-rond. En s'en servant, le travail serait plus régulier ; mais l'enfant n'en retirerait aucun profit pour sa main. Tout, jusqu'alors, a été fait avec les outils simples que nous avons nommés. On n'a pas dû se servir non plus de guillaumes, de vastringues, etc., qui abrégent le travail tout en le perfectionnant, mais qui ne donnent pas l'agilité des doigts et la sûreté de la main, qu'il faut à tout prix chercher à acquérir.

PLANCHE III

FIG. 29.

1° Construction. — 4 groupes de 2 triangles rectangles isocèles concentriques reliés sommet à sommet par des droites qui représentent, en réalité, des courbes, comme l'indique le profil, et 2 rectangles concentriques réunis de la même manière.

2° Exécution. — Le dessin de cet exercice est tellement bien figuré en profil et en élévation qu'une explication serait superflue. L'élève y a d'ailleurs été préparé par l'exercice précédent.

FIG. 30.

1° Construction. — On construit successivement 3 petits rectangles verticaux et 4 entailles de même grandeur, 3 rectangles horizontaux formant 2 rainures, 3 rectangles verticaux inégaux et évidés, 4 rainures obliques dont l'inclinaison sur l'horizontale n'atteint pas 45 degrés, et un cercle évidé.

2° Exécution. — Exercice excellent qui initie l'élève à la pratique des assemblages. Veiller à la pose de l'élève. En bois de bout, on pousse de suite légèrement la scie; dans tout autre cas, suivre exactement ce qui a été dit à la figure 6. Pour faire les mortaises, on assujettit la pièce sur l'établi après avoir mis un petit morceau de bois tendre sous la pomme du valet et l'avoir placée sur une petite planchette; on ne fait les mortaises que jusqu'à mi-épaisseur; on retourne la pièce et on les achève sans crainte d'endommager l'établi. Il n'est pas un seul maître-ouvrier qui ne puisse indiquer comment se tiennent le maillet et le bédane. On se sert d'un dégorgeoir pour chasser les copeaux retenus dans les mortaises.

FIG. 34.

1° Construction. — Une planchette rectangulaire a 150 millimètres de long, 48 de large, et 20 d'épaisseur. On construit au milieu de chacune des faces principales un rectangle de 110 sur 36, et, au milieu des faces latérales, un rectangle de 110 sur 8.

2° Exécution. — Il s'agit ici, comme on le voit, de faire une mortaise verticale et une autre sur champ. On fait d'abord la première, en retournant la pièce ainsi qu'il a été dit à la figure 30. Étant achevée, on la remplit exactement avec un morceau de bois qu'on a préparé à cet effet, et on fait ensuite la deuxième mortaise. Le ciseau égalise ce que le bédane a laissé de défectueux. Un bon ouvrier a rarement l'occasion de s'en servir dans ce cas. Les aspérités retiennent mieux la colle. Il peut être fait plusieurs mortaises sur plat; on les conserve, ou, comme l'indique la figure, on enlève les cloisons intérieures en se servant d'une scie à guichet. On peut fabriquer ainsi des boîtes à graisse; on n'aura plus qu'à y adapter un couvercle.

FIG. 31.

1° Construction. — On construit successivement 3 rectangles verticaux et 4 entailles de même largeur, 3 rectangles évidés, un cercle évidé et 5 lignes à 45 degrés formant 2 parallélogrammes en creux et 2 parallélogrammes en relief.

2° Exécution. — Cet exercice résume le travail ordinaire du menuisier; on voit, en effet, comme à la figure 31, des tenons, des mortaises, des entailles, un trou. À part l'exercice du corroyage, qui doit être le dernier comme nécessitant des forces musculaires que notre jeune enfant ne possède pas encore, l'exercice du bouvet, des outils du menuisier, dont l'emploi exige des forces presque égales, le travail, qui est exigé dans le cas qui nous occupe en ce moment, conduit à l'exécution des cadres, des portes, des fenêtres, des châssis, des meubles, etc.

FIG. 32.

1° Construction. — On construit successivement 4 rectangles verticaux séparés par 3 entailles de même largeur, un rectangle de 44 sur 40 avec ses diagonales indiquant une pyramide, et 5 rectangles horizontaux égaux, dont 3 en relief et 2 en creux.

2° Exécution. — C'est un résumé des exercices 30 à 34, il doit donc être procédé comme il est dit à l'occasion de ces figures.

Une de ces pièces, n'importe laquelle, a exigé quatre ou cinq leçons, soit une durée de quinze jours. Une planche de 2 fr. 25 en fournirait 75 semblables; c'est donc 3 centimes à répéter deux fois pour un mois, soit 75 centimes environ par an pour un élève. Pour 50, la dépense est de 37 fr. 50, et pour 250 élèves, comme à l'école de la rue Tournefort, elle devrait être de 187 fr. 50. Elle n'est, en réalité, que de 150 francs, car les débutants reçoivent des morceaux de moindre valeur ou ayant déjà servi à d'autres élèves. L'enfant peut commencer maintenant à affûter ses outils sur la meule, en observant toutefois que celle-ci doit tourner en arrière. Il faut avoir soin de se servir d'une crémaillère pour ne pas changer le biseau. Explications à donner au sujet du morfil, qui demande, dans certains cas, à être rejeté intérieurement, ou dans le sens opposé.

FIG. 37.

ASSEMBLAGE A TÉ DROIT AVEC TENON ET MORTAISE.

1° Construction. — Une pièce de bois verticale pénètre dans une pièce de bois horizontale de même équarrissage, au moyen d'un tenon rectangulaire. Dans la figure d'ensemble, le tenon est indiqué par des points ronds. Lorsqu'on a donné quartier à chaque pièce, on voit clairement les dimensions du tenon et de la mortaise.

2° Exécution. — Nous voici en 3° année. Les pièces doivent être assemblées. Jusqu'alors elles ont été préparées par les maîtres ou par des élèves avancés, lesquels se font toujours un plaisir de travailler pour leurs camarades moins âgés ou moins expérimentés qu'eux. Les élèves de ce cours préparent leurs pièces. Nous arrivons donc à l'emploi de la scie à refendre. C'est enlever au jeune ouvrier une bonne partie du mérite de son travail que de lui livrer des morceaux de bois presque dressés à la scierie mécanique; il doit prendre ses pièces dans un rondin ou dans un morceau volumineux. *C'est là seulement que commence le travail du corroyage du bois.* Sept exercices se succèdent : 1° il faut dégauchir une face avec le riflard, puis avec la varlope, puis enfin avec le rabot fin (deux règles placées sur champ, en travers, à chaque extrémité de la partie dressée, font voir, en bornoyant, si le plan obtenu est régulier); 2° faire un côté d'équerre avec cette face; 3° tracer avec le trusquin un trait parallèle à l'arête régulière qu'on vient d'obtenir et faire cette troisième face bien d'équerre avec la première, en laissant subsister la moitié du trait; 4° se servir encore du trusquin pour tracer l'épaisseur et planer cette quatrième face comme il a été dit pour la première; 5° recaler les extrémités; 6° tracer le travail à exécuter, en se servant d'une pointe fine ou d'un crayon bien aiguisé; et 7° procéder à l'exécution du travail.

Lorsqu'une ligne doit être tracée pour passer par un point donné, il faut placer la pointe du crayon sur ce point donné, approcher la règle ou l'équerre près de la pointe du crayon et tracer ensuite légèrement.

Si les assemblages doivent être collés, il importe qu'ils ne forcent pas sur les côtés; on doit les *dégraisser*; on risquerait de fendre les pièces portant les mortaises. Le tenon ne doit jamais excéder le tiers de la largeur de la pièce.

L'élève doit affûter dès à présent lui-même ses scies. Quelques conseils à ce sujet doivent être donnés. Le tiers-point, lorsqu'il est neuf, doit servir d'abord pour les scies dont les dents sont petites. Un bon limeur de scies ne frotte la lime qu'en poussant et jamais en revenant. On affûte ensuite les scies dont les dents sont un peu plus longues. Si quelques dents dépassent les autres, il faut les égaliser avec une lime plate. Il importe de veiller ensuite à ce que la voie soit bien régulière.

Un limeur adroit affûte dix scies avec le même tiers-point. Nous insistons sur cette leçon d'économie.

FIG. 40.

ASSEMBLAGE EN CROIX A MI-BOIS.

1° Construction. — 2 pièces de bois de même équarrissage sont assemblées perpendiculairement et à moitié de l'épaisseur; comme elles sont entaillées de la même façon, il suffit de donner quartier à la pièce horizontale.

2° Exécution. — On trace ordinairement les deux pièces en les superposant; on doit donc avoir le soin de donner les traits de scie de manière à laisser paraître les tracés à l'extérieur. Sans cette précaution, les entailles auront trop de jeu.

FIG. 38.

ASSEMBLAGE A TÉ DROIT AVEC TENON ET MORTAISE ET UN ONGLET EN FLOTTAGE.

1° Construction. — 2 pièces de bois sont assemblées perpendiculairement; la pièce verticale porte un tenon qui traverse la pièce horizontale et une languette triangulaire ou onglet double, formée de 2 plans à 45 degrés; la pièce horizontale porte une mortaise correspondant au tenon et une entaille triangulaire pour l'onglet.

2° Exécution. — Cet exercice est fréquemment employé pour les petits bois des fenêtres. Le tracé de la figure indique suffisamment la manière de procéder. Il faut observer toutefois qu'il faut toujours commencer par faire les mortaises. Si le travail est bien fait, l'assemblage ne doit pas remuer et les deux pièces doivent affleurer, c'est-à-dire ne former qu'un même plan.

PLANCHE IV

FIG. 42.

ASSEMBLAGE A TÉ DROIT A TENON ET MORTAISE ET DEUX FLOTTAGES.

1° **Construction**. — 2 pièces de bois de même équarrissage sont assemblées perpendiculairement ; la pièce verticale porte 3 tenons ; la pièce horizontale a une mortaise et 2 entailles de côté pour recevoir les tenons.

2° **Exécution**. — Rien à dire de plus pour bien faire cette pièce ; c'est de l'ajustage. Il faut procéder lentement et avec le plus de soin possible.

FIG. 41.

ASSEMBLAGE A TÉ DROIT A QUEUE D'HIRONDELLE OU D'ARONDE.

1° **Construction**. — 2 pièces de bois de même équarrissage sont assemblées perpendiculairement ; la pièce verticale porte, sur la moitié de son épaisseur, un tenon qui a la forme d'un trapèze et qui pénètre exactement dans la moitié de l'épaisseur de la pièce horizontale.

2° **Exécution**. — Procéder comme il a été dit à la figure 37.

FIG. 39.

ASSEMBLAGE A TÉ DROIT A TENON ET MORTAISE ET ONGLET EN FLOTTAGE.

1° **Construction**. — Une pièce verticale porte un tenon rectangulaire qui traverse une pièce horizontale et un tenon triangulaire ou onglet qui pénètre dans une face latérale de cette même pièce horizontale.

2° **Exécution**. — Mêmes conseils que pour les assemblages décrits précédemment.

FIG. 43.

ASSEMBLAGE SPÉCIAL AUX MENUISIERS A TÉ OBLIQUE DIT A ENFOURCHEMENT, UNE MORTAISE, DEUX FLOTTAGES.

1° **Construction**. — Une pièce de bois est assemblée obliquement avec une autre pièce de même équarrissage, à l'aide d'un tenon passant et de deux autres tenons semblables qui pénètrent dans les faces latérales de cette seconde pièce. Pour établir le dessin d'ensemble, il faut construire successivement un trapèze rectangle horizontal, le trapèze oblique et l'autre trapèze horizontal.

2° **Exécution**. — On dit avec raison que cet assemblage est spécial aux menuisiers, car pour la charpente on ne le fait pas de cette manière. On a besoin pour le bâtiment d'une butée plus forte. Pour l'obtenir, on façonne un bout de la mortaise perpendiculairement à la pièce qui la contient, et le tenon qui porte l'autre pièce est coupé suivant l'angle qu'elle forme avec celle dans laquelle ce tenon doit être fixé.

FIG. 48.

ASSEMBLAGE DIT A CROISILLON.

1° **Construction**. — Une pièce de bois verticale est traversée par une mortaise ; elle porte sur une face latérale 2 entailles triangulaires qui se réunissent par le sommet et dont la profondeur est égale au quart de l'épaisseur totale. Deux pièces horizontales de même équarrissage que la première pénètrent dans celle-ci vis-à-vis l'une de l'autre, de manière à se rencontrer ; elles sont munies d'un tenon et d'un onglet double.

N. B. — Après avoir donné quartier aux deux pièces horizontales, on les a éloignées l'une de l'autre pour mieux les faire voir.

2° **Exécution**. — On procède comme il a été dit figure 28. Trois pièces doivent être assemblées et former un croisillon parfait. Il n'y a qu'à supposer une moulure de chaque côté séparée au moyen d'un outil appelé *tarabiscot*, puis une feuillure faite avec un outil appelé *feuilleret*, on aura au complet les petits bois usités pour les portes, les fenêtres et les châssis vitrés.

FIG. 45.

ASSEMBLAGE A TÉ OBLIQUE AVEC ENFOURCHEMENT ET FLOTTAGE.

Cet assemblage ressemble beaucoup à celui de la figure 43 ; il a un tenon en moins ; la construction est identique.

2° **Exécution**. — Voir ce qui a été dit à propos de la figure 43.

PLANCHE V

FIG. 35.

CROIX DE SAINT-ANDRÉ.

1° Construction. — 2 pièces de bois de même équarrissage sont assemblées obliquement sous un angle de 45 degrés : elles portent l'une et l'autre une entaille à mi-bois ayant la forme d'un parallélogramme. On trace une ligne de symétrie verticale : en un point de cette ligne on construit un angle de 45 degrés ; on prolonge les côtés de cet angle et l'on mène des parallèles distantes de 30 millimètres. Il suffit de donner quartier à une pièce.

2° Exécution. — Voir ce qui a été dit à propos de la figure 10.

Nous conseillons pour les élèves de 2° année, c'est-à-dire ceux qui préparent eux-mêmes leurs pièces et qui commencent l'étude des assemblages, de tenir un livret pour enregistrer tous les travaux qu'ils font. De petits croquis aussi soigneusement faits que possible, cotés lorsqu'ils ne sont pas représentés en grandeur naturelle, en accompagnent la description. Ils portent ce livret lorsqu'ils sont au travail, et ils s'en servent pour la mise au net des figures qui y sont indiquées. Le contrôle des travaux est fait sur feuilles journalières par des moniteurs. Un compte rendu mensuel de ces travaux est dressé par MM. les instituteurs surveillants pour leur classe respective. Ces comptes rendus, examinés et annotés par le directeur de l'école, sont transmis à M. le délégué cantonal, qui les retourne au directeur, revêtus de sa signature, avec les observations qu'il croit utile de faire.

FIG. 36.

ENTURE A TRAIT DE JUPITER.

1° Construction. — 2 pièces de bois de même équarrissage sont assemblées bout à bout et solidement reliées entre elles au moyen de 2 chevilles ou clavettes. Ces deux pièces sont entaillées de la même manière. La figure du haut représente une pièce seule ; la figure du milieu représente les deux pièces assemblées et les chevilles ; la troisième figure représente encore l'ensemble après un quart de révolution.

2° Exécution. — Les deux pièces de bois doivent se superposer exactement lorsqu'elles sont terminées. L'intervalle qu'elles laissent entre elles, lorsqu'elles sont emboîtées, est garni de deux chevilles placées en sens inverse, ce qui produit un serrage plus parfait. Une seule cheville détruirait la symétrie de l'assemblage. Il existe un grand nombre d'assemblages de ce genre. Les extrémités peuvent être chevronnées, à tenon et mortaise, à entaille oblique, etc.

FIG. 46 ET 47.

ASSEMBLAGE A TÉ DROIT AVEC RACCORDEMENT DE MOULURES ET DE RAINURES.

1° Construction. — Ces deux assemblages présentent plus de difficultés que les précédentes, c'est pourquoi on a dessiné non seulement l'ensemble et les pièces séparément, mais encore la section droite transversale de chacune d'elles. De cette manière, on saisit mieux tous les détails de construction.

2° Exécution. — Ces pièces, formant châssis, dont l'emploi est si fréquent dans les portes de cloisons, de buffets, de bibliothèques, etc., offrent une combinaison des figures 37, 38, 39 et 42 au sujet desquelles nous avons donné des détails. Il est indispensable, pour les confectionner, d'avoir recours aux outils du menuisier ; elles sont ainsi disposées pour recevoir des panneaux de bois ou de fonte à jour, des grillages, etc.

Il existe une quatrième série d'exercices qui peuvent être exécutés simultanément avec ceux de 3° année ; ce sont ceux qui préparent à la sculpture sur bois. Voir les figures indiquées sur les planches XII, XIII et XIV du présent album. Les exercices 1 à 20 ont beaucoup d'analogie avec ceux qui sont faits en 1re et 2° année de menuiserie. Cette variété plaît aux élèves. La collection de l'école de la rue Tournefort en comprend plus de 200 ; chaque jour on en voit paraître de nouveaux. On est heureux d'enregistrer cette preuve frappante de l'intérêt que les élèves attachent à leurs travaux, et surtout les efforts qu'ils font pour trouver des combinaisons souvent originales et qui peuvent avoir leur application.

Une remarque importante à faire, c'est que toutes les pièces dont nous venons de nous entretenir donnent lieu à d'excellentes leçons de choses en ce qu'elles fournissent l'occasion de parler de la nature du bois, de sa provenance, de l'utilisation de toutes ses parties, du mode de transport employé pour l'amener dans nos chantiers ; de dire comment on l'équarrit, comment on le débite ; de faire évaluer à l'œil la longueur, la largeur et l'épaisseur, le pourtour s'il est en grume, la surface, le volume et même le poids connaissant la densité. On peut faire évaluer le volume des parties retranchées et le volume de ce qui reste lorsque le travail est terminé. Joindre à cela, pour varier ces utiles leçons, la connaissance de toutes les matières premières employées dans l'industrie, des termes techniques employés dans les ateliers, la nomenclature des principaux outils dont on se sert dans chaque profession, des articles de quincaillerie dont on a le plus souvent besoin, etc.

Envisagé de cette manière, l'enseignement du travail manuel devient un puissant auxiliaire pour donner l'instruction aux élèves ; s'ils ne sortent pas en aussi grand nombre munis du certificat d'études primaires, ils ont un bagage qui leur servira d'autant mieux qu'il a plus de rapport avec les nécessités de la vie de l'ouvrier.

Mais pour bien réussir dans la pratique de l'enseignement manuel, il faut joindre l'exemple au précepte, il faut une surveillance active de la part du maître. Les enfants prennent d'autant plus goût à ce qu'ils font qu'ils sentent qu'on s'intéresse plus vivement à leurs travaux.

La privation du travail manuel ou même de la livrée d'ouvrier doit être une des plus grandes punitions de l'élève. A l'école de la rue Tournefort, les retardataires, les turbulents, les négligents sont placés à part devant un tableau noir, près des élèves qui travaillent ; on les oblige à faire du calcul, des verbes ou de la dictée sous la surveillance d'un moniteur.

DEUXIÈME PARTIE

TOURNAGE

Les objets de tournage sont représentés en élévation seulement, ce qui est suffisant pour en indiquer exactement la forme. Il n'a pas été possible de mettre des cotes à toutes les lignes afin que les dessins fussent lisibles.

Pour comprendre l'emploi des traits fins et des traits forts, il faut se reporter aux conventions données dans la première partie.

1° Construction. — Au lieu d'expliquer le dessin de chaque objet, qu'il nous suffise de dire, d'une manière générale, qu'il faut opérer dans l'ordre suivant : tracer l'axe et deux parallèles à cet axe, comprenant entre elles le plus grand diamètre ; porter la hauteur totale sur une parallèle et les hauteurs partielles sur l'autre ; tracer des horizontales par les points cotés ; déterminer à vue ou en triplant le dessin les hauteurs non cotées ; tracer les horizontales par les points obtenus ; mesurer exactement les diamètres cotés et relever les autres, soit en les comparant avec les premiers, soit en triplant le dessin ; tracer les deux profils en observant exactement la symétrie par rapport à l'axe.

2° Exécution. — Comme ce sont ordinairement des rondins que l'on prend pour faire des exercices sur le tour, l'élève doit apprendre à refendre le bois avec la scie, d'abord en deux, puis en quatre, etc., selon les besoins. Si les rondins ne sont pas noueux, on peut risquer de les fendre à la hache. Quel que soit le moyen employé, il faut procéder à l'équarrissage des quartiers obtenus, ce qui se fait à la plane, au riflard ou à la hache. Le quartier étant équarri, les quatre arêtes sont ensuite abattues. Devenu ainsi presque cylindrique, on le centre à vue d'œil en essayant de décrire la plus grande circonférence possible à chaque bout, ou bien on apprend à se servir d'un trusquin à colonne que l'on pose sur un plan régulier, sur un marbre, si on en a un à sa disposition. Le centre se trouve indiqué en traçant des horizontales à chaque bout du morceau de bois avec la pointe du trusquin. Cela fait, on assujettit ce morceau de bois sur le tour, on le dégrossit à la gouge, on le plane avec un fermoir (on s'assure que l'on tourne rond en appuyant légèrement la pointe d'un crayon aux endroits que l'on a planés ; tout le tour du cylindre doit en porter la trace). Avec une pointe fine métallique ou celle d'un crayon, on marque les principales lignes qu'indique le modèle ; ce sont justement celles qui sont figurées transversalement sur les 51 dessins composant nos planches VI, VII et VIII. Il faut avoir soin de terminer le travail par les moulures les moins saillantes, pour éviter ce qu'on appelle en terme du métier le *fouettement*. La pièce étant terminée, on obtient à peu de frais un poli agréable en la faisant tourner vivement dans une poignée de menus copeaux que l'on serre dans la main. Un bouchon de liège pressé sur une moulure en relief la carbonise et donne cette teinte brune que l'on voit dans les pièces imitant le bambou (voy. fig. 2). Si l'on fait usage de papier de verre fin, il faut éviter avec soin de le passer sur les arêtes vives, il les détruirait en les arrondissant.

Les exercices 1 à 12 sont dits préparatoires ; il faut en suivre avec soin la gradation. Les tableaux de l'école de la rue Tournefort en contiennent un nombre plus considérable. On peut y suppléer en faisant exécuter le reste de la série des moulures, mais ce n'est pas indispensable. Les élèves qui ont bien fait ces 12 premiers exercices sont aptes à faire tous ceux qui sont figurés dans les trois planches.

Les exercices 11a, 11b, 11c, 11d sont appelés symétriques. L'école en possède plus de cinquante variétés. Ils portent le nom de balustres. Ils sont d'un très grand usage dans l'ameublement.

Il est à remarquer, pour l'exécution des pièces indiquées ici, que la difficulté ne consiste pas à faire parfaitement une pièce, mais bien à en faire plusieurs exactement semblables. Une longue pratique peut seule donner ce talent.

Comme pour tous les autres travaux manuels, chaque exercice de tour doit être préalablement dessiné, coté et rapporté à une échelle déterminée. Pour les exercices d'invention, cette prescription est d'une urgence absolue. Un côté de l'axe est tracé sur du papier à mesure qu'on l'imagine ; pliant ensuite le papier suivant l'axe, on trace à la vitre l'autre côté ; on a tout de suite une figure, qu'on modifie s'il y a lieu. Les élèves, qui désirent ombrer les dessins qu'ils ont faits, n'ont qu'à placer la pièce qu'ils dessinent de manière que le soleil l'éclaire à gauche, sous un angle de 45 degrés ; chaque moulure produit son ombre, il ne reste qu'à imiter cette ombre sur le dessin.

L'étude des travaux de tour ne serait pas complète si l'on se bornait à reproduire les 51 exercices que l'on voit sur nos planches. Il faut y joindre le tournage des solides qu'on appelle en géométrie les corps ronds ; des moulures courbes en raccordement avec des moulures rectilignes ; des anneaux, des cadres, des vases, des coupes, des trembleurs, en un mot, ces mille articles que l'on trouve dans la bimbeloterie, sans compter ces petits chefs-d'œuvre de patience que l'on voit au Conservatoire des Arts et Métiers ou dans les vitrines de certains amateurs.

Des personnes aisées ont poussé autrefois l'art du tournage à une limite qu'il paraît difficile d'atteindre aujourd'hui. Il faut tâcher de les imiter. Nous augmenterons la variété de ces articles de bon goût qui caractérisent notre génie national, nous augmenterons notre commerce ; car l'exposition d'un objet qui plaît, facilite l'écoulement d'autres produits de même provenance.

Nous bornant aux travaux élémentaires qui peuvent être exécutés sur le tour simple, nous ne parlerons que pour mémoire des exercices de tour ovale, de tour pour l'hélice, de tour à guillocher. Il importe cependant que l'élève fasse des pas de vis à la volée ; c'est un exercice utile. On acquiert bien vite la facilité de les produire. Il existe des tours à fileter, ils sont compliqués et coûtent très cher ; on peut arriver à s'en passer, si l'on veut bien suivre notre conseil.

TROISIÈME PARTIE

AJUSTAGE

Les objets d'ajustage sont représentés dans deux positions, face et profil ou face et coupe, et sont supposés appuyés contre le plan vertical dans ces deux positions, ce qui est indiqué, d'ailleurs, par les flèches et les traits forts. Les parties coupées sont indiquées par des hachures croisées.

PLANCHE IX

FIG. 1 ET 2.

1° Construction. — 2 plaques de fer rectangulaire ayant 90 millimètres de long, 40 de large et 4 d'épaisseur. Dans la figure 1, les hachures croisées indiquent que l'ajustage à la lime est fait dans deux directions à 45 degrés; dans la figure 2, les hachures simples indiquent que cet ajustage est fait seulement dans le sens de la longueur.

2° Exécution. — Nous avons adopté l'ordre suivant :

1° Emploi du feuillard ou de la fonte malléable ; pièces de 0m,93 de long 0m,01 de large et 0m,004 d'épaisseur.

2° Emploi du feuillard de mêmes dimensions sauf l'épaisseur qui est de 0m,008.

3° Emploi de fers carrés, de fers méplats, de fers ronds, de fers à té, etc.

Un marbre rodé est toujours à la disposition de l'élève pour qu'il puisse s'assurer lui-même en faisant glisser sa pièce dessus si elle est limée régulièrement. Les petites saillies de la pièce se salissent au contact du marbre; on les fait disparaître en limant. On cesse cette épreuve lorsque la pièce se salit tout entière.

Pour exécuter les deux pièces indiquées figures 1 et 2, il faut les placer dans l'étau, limer régulièrement les quatre côtés, puis fixer ces pièces sur un morceau de bois avec des pointes. La première pièce porte des traits de lime croisés à 45 degrés, la deuxième des traits de lime en long. Deux exercices excellents auxquels on ajoute plus tard le polissage et le rodage à l'émeri. Les limes que l'on emploie d'abord sont les limes dites d'Allemagne, pour dégrossir; puis on finit avec les limes bâtardes.

Si l'on veut s'exercer, on traite la deuxième face comme la première.

FIG. 3.

1° Construction. — Une plaque rectangulaire en fer a 90 millimètres de long, 40 millimètres de large et 4 millimètres d'épaisseur. On construit dessus un rectangle ayant 86 sur 36, et l'on joint les sommets des deux rectangles.

2° Exécution. — Le morceau de fer est placé d'abord dans l'étau ordinaire, comme il a été dit pour les figures 1 et 2, afin d'en bien régulariser les côtés; puis on le place dans un étau à chanfrein pour produire le chanfrein qui est indiqué. La surface se lime en employant un des procédés déjà signalés.

Pour tracer une figure quelconque sur une pièce de fer, on recouvre cette pièce d'une couche de blanc d'Espagne, puis on fait des lignes avec une pointe de laiton. On peut encore la noircir et faire des lignes avec une pointe d'acier. L'indication de ces deux moyens peut suffire. On conseille quelquefois l'emploi d'un papier collé sur lequel on a préalablement dessiné. L'inconvénient qui résulte pour la lime, en se garnissant de débris de papier, fait repousser ce procédé. Recommander l'usage des mordaches.

Les limes se nettoient avec une carde ou avec une brosse après qu'elles ont été mises dans un liquide corrosif.

On recouvre de blanc d'Espagne le côté dont on ne veut pas se servir tout d'abord.

Il faut éviter d'appuyer en ramenant la lime vers soi : elle s'usera moins vite.

Si le fer et la fonte que l'on doit limer sont couverts de crasse qui ne se laisse pas entamer facilement, il faut les buriner ou les gratter avec l'une des arêtes d'une vieille lime.

Ces détails peuvent paraître fastidieux, pour ne pas dire oiseux. Les personnes qui visent à l'économie ne les trouveront pas inopportuns.

Chercher dans les rognures les pièces dont on a besoin, et n'attaquer les grandes barres ou les grandes planches métalliques que lorsqu'on ne peut faire autrement. Ce conseil se rapporte également à la menuiserie. On doit, dans ce cas, ne pas craindre de faire ce qu'on appelle des *haches*; on n'enlève que la partie dont on a besoin.

FIG. 4.

1° Construction. — Une plaque rectangulaire en fer a 90 millimètres de long, 40 de large et 4 d'épaisseur. On trace aux angles une ligne à 45 degrés, qui est l'hypoténuse d'un petit triangle rectangle isocèle ayant 5 millimètres de côté.

2° Exécution. — On traite le morceau de fer comme ceux des exercices précédents pour la régularisation des côtés, puis avec la lime d'Allemagne, une scie à métaux, un ciseau à froid ou un bédane, on enlève les quatre angles conformément au dessin. On détermine ces angles en se servant du compas et d'une équerre à 135 degrés en usage pour faire les octogones réguliers.

FIG. 5.

1° Construction. — Une plaque rectangulaire en fer a 90 millimètres de long, 40 de large et 4 d'épaisseur. On décrit à chaque angle un quart de cercle ayant 6 millimètres de rayon.

2° Exécution. — Même méthode que pour les exercices précédents. Cette pièce nécessite de plus l'emploi d'une lime ronde ou d'une petite demi-ronde pour les ravets qui se trouvent aux angles. Les cinq pièces que nous venons de passer en revue peuvent servir à notre élève pour exercice de perçage et de fraisage. On lui fait faire quatre trous dont on détermine la place à l'aide d'un trusquin tenu à un centimètre des côtés, on donne un coup de pointeau bien au centre des trous ; on les fait percer à l'archet et on fait la fraisure avec un foret monté sur un vilebrequin, quand même il existerait dans l'atelier un outillage spécial. N'oublions pas que l'élève doit apprendre à faire usage de ses mains, et que c'est, pour ainsi dire, amoindrir ses facultés que de le transformer uniquement en graisseur de machines ou en spectateur presque inoccupé d'une raboteuse, d'une perceuse, d'une traceuse mécaniques. Cet outillage coûte fort cher et son entretien occasionne beaucoup de frais. Laissons-le pour les Écoles d'Arts et Métiers. L'élève qui travaille sans en faire usage se rend mieux compte de la résistance qu'offre la matière qu'il façonne ; plus tard, lorsqu'il se servira de machines, il saura mieux faire emploi des outils qu'il doit faire fonctionner à sa place.

On peut voir à l'école de la rue Tournefort un long tour à métaux dont la pédale est munie d'une bielle à chaque extrémité et de deux volants. A l'un de ces volants est fixée une poulie quadruple pour régler la vitesse. Un palier soutient l'arbre moteur au milieu. Trois ou quatre élèves le mettent en mouvement et l'entretiennent facilement. Il va sans dire que ces élèves vont successivement faire une partie de l'ouvrage.

Voilà un moteur qui ne coûte presque rien, remplaçant avantageusement un moteur à gaz ou à air comprimé, qui nécessite beaucoup d'entretien, qu'on ne peut pas toujours placer facilement, qui occasionne une assez grande dépense, qui offre quelques dangers, et qui, surtout, dispense l'élève de travailler la plupart du temps.

FIG. 6.

1ᵉ Construction. — Une plaque rectangulaire en fer a 90 millimètres de long, 40 de large et 4 d'épaisseur. On décrit aux deux bouts un demi-cercle ayant 16 de rayon, que l'on rattache aux côtés longitudinaux de la plaque, puis on construit intérieurement et à une distance de 2 millimètres, une figure semblable à celle que l'on vient d'obtenir.

2ᵉ Exécution. — Cette pièce est plus compliquée que les cinq précédentes. Le demi-cercle qui est à chaque bout doit être fait en même temps qu'on régularise les côtés. Elle est ensuite placée dans un étau à chanfrein, puis fixée sur un morceau de bois, fixé lui-même dans l'étau ordinaire pour être limée à plat. C'est l'un des meilleurs exercices qu'on puisse donner à faire à un élève en ce qu'il oblige celui-ci à régler la poussée de sa lime et à acquérir l'habitude de la tenir bien horizontalement. Ne pas oublier de faire usage du marbre ou d'une règle bien dressée pour trouver les parties concaves ou convexes. Le travail étant terminé, on percera un trou aux endroits où la pointe du compas a marqué le centre des demi-cercles.

Un enfant intelligent trouvera lui-même des exercices analogues à ceux qu'on vient de décrire. Il y a bien des manières de transformer les quatre angles. Cette variété plaît en ce qu'elle fait produire des petites plaques souvent utilisables.

FIG. 7.

1ᵉ Construction. — Une plaque rectangulaire en fer a 90 millimètres de long, 40 de large et 4 d'épaisseur. Au centre on construit un rectangle ayant 30 sur 26, et aux deux bouts un petit cercle ayant 14 de diamètre.

2ᵉ Exécution. — Pour exécuter cette pièce, il faut dresser les côtés, les mettre d'équerre, faire le tracé indiqué ci-dessus, puis faire des trous où les cercles sont indiqués et une série de trous dans le carré. On abat ensuite avec le bédane et le ciseau à froid les cloisons qui séparent ces derniers trous. On achève le carré avec la lime d'Allemagne et la lime bâtarde. On fixe ensuite la pièce sur un morceau de bois pour limer les deux faces comme il a été dit précédemment.

FIG. 8.

1ᵉ Construction. — Une plaque rectangulaire en fer a 90 millimètres de long, 40 de large et 8 d'épaisseur. Du milieu de chaque petit côté on mène 2 lignes à 45 degrés, puis, intérieurement, et à une distance de 2 millimètres, deux autres lignes à 45 degrés. On décrit deux demi-cercles ayant 10 de rayon au milieu des grands côtés, et deux cercles ayant 6 de rayon sur la ligne médiane.

2ᵉ Exécution. — Cet exercice résume une partie des exercices précédents. Limage des deux côtés, entailles demi-circulaires, angles abattus, chanfreins, trous à percer et à achever avec la lime demi-ronde ou la lime ronde. Limage des deux surfaces.

FIG. 9.

1ᵉ Construction. — Une plaque rectangulaire en fer a 90 millimètres de long, 40 de large et 4 d'épaisseur. On construit aux deux bouts un petit rectangle ayant 20 sur 5, puis un trapèze isocèle ayant 25 de hauteur et des bases égales à 40 et à 20, et enfin un rectangle de 25 sur 10.

FIG. 10.

1ᵉ Construction. — Une plaque rectangulaire en fer a 80 millimètres de long, 40 de large et 8 d'épaisseur. Aux deux bouts on construit un rectangle ayant 30 sur 20, puis deux autres rectangles reliés entre eux ayant 30 sur 16 et 28 sur 12. Sur la partie moyenne on décrit deux demi-cercles ayant 6 de rayon.

2ᵉ Exécution. — Le moyen de faire cette pièce a été décrit dans les articles précédents. Le chanfrein intérieur demande beaucoup de précautions à cause du peu de largeur des trois côtés des rectangles évidés.

FIG. 11.

1ᵉ Construction. — Une plaque rectangulaire en fer a 70 millimètres de long, 40 de large et 4 d'épaisseur. Aux deux bouts on construit un rectangle ayant 40 sur 6 ; au centre on décrit deux cercles concentriques ayant 20 et 12 de rayon, et l'on réunit le grand cercle aux rectangles par deux parallèles distantes de 6 millimètres.

2ᵉ Exécution. — Cette pièce comme les deux précédentes nécessite l'emploi du bédane et du ciseau à froid. Pour éviter que le fer ne se fende, il faut frapper alternativement des deux côtés de la pièce en plaçant l'endroit à enlever le plus près possible des mâchoires de l'étau. Si l'on opérait sur une pièce déjà bien limée, on aurait soin de se servir des moustaches en plomb, en cuivre ou en bois dont on dispose.

FIG. 12.

1ᵉ Construction. — Une plaque rectangulaire en fer a 88 millimètres de long, 40 de large et 4 d'épaisseur. A 6 millimètres d'un grand côté, on construit 2 triangles rectangles ayant 36 de hauteur et 24 de base, puis l'on mène des parallèles aux hypoténuses par les extrémités de l'autre grand côté.

2ᵉ Exécution. — Mêmes précautions que pour les exercices précédents. Faire préalablement un bon nombre de trous dans les deux triangles à l'aide d'une machine à percer.

FIG. 13.

1ᵉ Construction. — Une plaque rectangulaire en fer a 90 millimètres de long, 40 de large et 4 d'épaisseur. Au centre, on construit un cercle ayant 24 de rayon ainsi que 2 trapèzes isocèles ayant une petite base commune de 4 millimètres, une grande base de 20, et la hauteur égale à 40. On mesure deux cercles horizontaux de 6 millimètres sur le cercle ; on joint les extrémités aux angles du rectangle, puis l'on trace deux petites entailles triangulaires au moyen de parallèles aux lignes précédentes.

2ᵉ Exécution. — Le simple examen de cette pièce, lorsqu'on a fait les précédentes, indique comment on doit procéder à son exécution. En s'exerçant ainsi, nous retrouverons le moyen de faire des travaux en fer découpé et forgé que nos pères nous ont laissés et qui feront de tout temps l'admiration des connaisseurs.

FIG. 14.

1ᵉ Construction. — Une plaque rectangulaire en fer a 80 millimètres de long, 40 de large et 4 d'épaisseur. Au centre, on construit un rectangle ayant 40 sur 12 avec entailles à angle droit sur les largeurs, puis un autre rectangle également avec entailles, et un cercle ayant 4 de rayon. On relie cette partie centrale à chaque extrémité du rectangle par un triangle isocèle ayant 20 de base et 26 de hauteur, et par deux trapèzes isocèles faciles à construire.

2ᵉ Exécution. — Pour faire cette pièce, il faut procéder comme il a été précédemment. Celles qui portent les numéros 11, 12, 13 et celle-ci peuvent être remplies comme il a été dit à la figure 9.

PLANCHE X

Les explications données sur chaque figure de la planche précédente indiquent suffisamment la marche à suivre dans celle-ci et dans celle qui suivra. Il serait fastidieux d'entrer dans de nouveaux développements. Qu'il nous suffise de résumer en quelques mots la marche à suivre dans chaque cas : une plaque rectangulaire en fer ayant été préparée d'après les cotes du modèle, on y trace deux lignes médianes suivant la longueur et la largeur ; on construit les grandes figures, les contours ou les enveloppes, puis on arrive aux petites lignes, aux détails minutieux. On apprécie ensuite d'un coup d'œil si l'on a bien observé les lois de la symétrie et l'on fait des corrections s'il y a lieu.

FIG. 15.

1° **Construction**. — Au centre, deux rectangles concentriques ; à chaque extrémité, deux rectangles, ou triangle et un trapèze.

2° **Exécution**. — L'emploi de petites limes devient indispensable. Le rectangle du milieu et les parties évidées sont indiquées comme étant remplies par des pièces d'un métal différent. Avoir soin de bien ajuster ces pièces.

FIG. 16.

1° **Construction**. — Au centre, deux rectangles concentriques ; à chaque extrémité, un triangle isocèle et un trapèze isocèle traversé par un rectangle.

2° **Exécution**. — C'est une combinaison de plusieurs exercices précédemment indiqués. Observer une parfaite symétrie. Remplir, si l'on veut, les parties évidées.

FIG. 17.

1° **Construction**. — Au centre, 3 ellipses concentriques et 2 entailles demi-circulaires ; à chaque extrémité, 2 trapèzes isocèles.

2° **Exécution**. — Mêmes observations que pour les figures précédentes. Comme les élèves ne possèdent pas de compas propres à tracer des ellipses, on les obtient très régulières en se servant d'un morceau de bois cylindrique d'un rayon convenable. On le recouvre d'une feuille de papier. On appuie en un point la pointe sèche d'un compas ordinaire ; l'autre pointe munie d'un crayon ou d'un tire-ligne, étant écartée de manière à former un écartement suffisant, trace parfaitement l'ellipse que l'on désire obtenir. On la reporte sur la pièce et on l'imprime en frappant légèrement sur une pointe d'acier placée à différents endroits. Plus les points seront rapprochés, plus elle sera exacte.

FIG. 18.

1° **Construction**. — 2 rectangles concentriques sont réunis angle à angle ; un troisième rectangle intérieur renferme 2 triangles isocèles, 4 quarts de cercle ayant 13 millimètres de rayon.

2° **Exécution**. — En examinant attentivement cette figure, on devine sans peine ce qu'il faut faire pour exécuter la pièce qui doit lui ressembler.

FIG. 19.

1° **Construction**. — A droite, au milieu, un carré ; à gauche, en haut et en bas, un triangle rectangle isocèle et deux quarts de cercle.

2° **Exécution**. — Mêmes observations que pour les figures précédentes.

FIG. 20.

1° **Construction**. — Au centre, une transversale exactement déterminée de position, et deux trapèzes rectangles ; à chaque extrémité, un quart de cercle se raccordant avec une horizontale et une verticale.

2° **Exécution**. — Travail offrant un résumé des figures déjà passées en revue.

FIG. 21.

1° **Construction**. — A gauche, au milieu, un demi-cercle et 2 arcs concentriques ; à droite, au milieu, une entaille triangulaire ; en haut et en bas, un secteur de 45 degrés.

2° **Exécution**. — Rien à ajouter pour le confectionnement de cette pièce.

FIG. 22.

1° **Construction**. — Un cadre évidé formé de 3 rectangles concentriques reliés entre eux ; coins taillés en biseau.

2° **Exécution**. — Travail assez pénible à cause de l'épaisseur du fer. Nous avons ici trois épaisseurs. Les exercices précédents nous font deviner qu'il faut, après avoir bien dressé les côtés, faire, dans le rectangle central, une grande quantité de trous presque tangents aux côtés, enlever les cloisons qui séparent les trous, buriner les intervalles qui restent, et achever à la lime d'Allemagne et à la lime bâtarde. Faire les chanfreins sans oublier ceux qui se trouvent aux quatre angles.

FIG. 23.

1° **Construction**. — Construire successivement le petit cercle intérieur, les demi-cercles, la pointe, les arcs, qui sont déterminés par 3 points, et les lignes droites.

2° **Exécution**. — Faire sur la pièce un tracé aussi régulier que possible, et le suivre bien exactement en observant les instructions précédemment indiquées.

FIG. 24.

1° **Construction**. — Deux parties symétriques, en forme de croix, par rapport à une horizontale et des cercles concentriques.

2° **Exécution**. — Cette figure résumant plusieurs figures précédentes, il faut observer strictement ce qui a été dit à propos de celles-ci.

FIG. 25.

1° **Construction**. — Ces chiffres, de forme assez irrégulière, où l'on ne connaît que la hauteur et la plus grande largeur, doivent être dessinés en imitant le modèle le mieux possible. On peut faire les autres chiffres de la même manière.

2° **Exécution**. — Ces chiffres ont été taillés dans des morceaux de feuillard. Les modèles ont été détachés d'un calendrier, ils ont été collés sur ces morceaux ; on en a gravé le contour avec une pointe d'acier, on a ensuite, à l'aide de ciseaux à froid, de bédanes, enlevé toutes les parties environnantes, régularisé les contours, et limé les deux surfaces. Fixés d'une certaine façon, ils pourraient servir à imprimer à chaud, comme procèdent les doreurs sur la couverture des livres.

FIG. 27, 26, 28.

1° **Construction**. — Dans ces trois figures, on suppléera à l'insuffisance des cotes en imitant le modèle aussi exactement que possible. Il serait assez difficile, sinon impossible, de mettre des cotes à tous les petits détails, et notamment aux courbes qui doivent être dessinées à main levée.

2° **Exécution**. — Nous n'insisterons pas sur ces trois derniers exercices ; nous supposons l'enfant qui a confectionné plusieurs pièces précédentes, assez habile pour faire celles-ci. Il peut même en inventer d'autres, son aptitude lui en fera trouver peut-être de plus jolies que celles qui ont passé sous ses yeux. Nous le souhaitons vivement en l'assurant que nous n'en serons nullement jaloux.

PLANCHE XI

Les observations que nous avons présentées sur la planche précédente s'appliquent à la première moitié de celle-ci. Nous n'y reviendrons pas.

FIG. 29.

ASSEMBLAGE A TÉ DROIT A QUEUE D'ARONDE GLISSANTE.

1° **Construction.** — Une pièce verticale ayant 16 millimètres d'équarrissage est engagée par une queue en forme de trapèze isocèle, dans une pièce horizontale ayant 12 millimètres seulement d'équarrissage.

2° **Exécution.** — Prendre du fer carré dont les dimensions viennent d'être indiquées. Limer les deux pièces de manière à en faire des prismes parfaits. A chaque extrémité de la pièce la plus grosse, faire une queue d'aronde; puis faire l'entaille sur la pièce qui doit la recevoir. Les deux pièces assemblées doivent produire un té droit parfait. La deuxième queue d'aronde doit pouvoir se substituer exactement à la première.

FIG. 37.

ASSEMBLAGE A QUEUE ARRONDIE.

1° **Construction.** — Une pièce verticale en forme de double croix est engagée par une queue circulaire dans une pièce horizontale de même épaisseur.

2° **Exécution.** — Cet assemblage à queue arrondie est un exercice original peu utilisé ; c'est le type d'une série d'exercices basés sur des figures géométriques, sur des feuilles de plantes telles que celles de trèfle, de cresson, de volubilis, etc. Nous engageons néanmoins les maîtres à en faire exécuter. La variété des exercices plaît toujours.

FIG. 32.

ANCRE A BRANCHES COURBES.

1° **Construction.** — Dans un carré ayant 90 millimètres de côté, on construit 2 figures égales formées chacune de 4 arcs et réunies au centre du carré par 2 cercles et 4 arcs concentriques.

2° **Exécution.** — Faire un tracé bien régulier ; bien façonner le contour, puis le chanfrein et le motif central ; continuer par le limage des deux faces.

FIG. 39.

ASSEMBLAGE EN CÔTÉ A QUEUE D'ARONDE.

1° **Construction.** — Rectangle de 100 millimètres sur 50, divisé en 2 parties inégales par une ligne brisée suivant la longueur.

2° **Exécution.** — Dresser régulièrement les côtés qui doivent être assemblés ; faire la queue d'aronde, puis l'entaille qui doit la recevoir ; assembler les deux pièces, régulariser les quatre côtés du rectangle ainsi formé, et terminer en limant les deux faces. Cet assemblage n'a d'utilité qu'autant qu'il a été brasé. Il sert, comme on le voit, à obtenir des surfaces larges qu'on ne trouve pas ordinairement sous la main.

FIG. 41.

ASSEMBLAGE A TÉ DROIT.

1° **Construction.** — Une figure en forme d'équerre double renferme intérieurement 3 triangles isocèles exactement déterminés.

2° **Exécution.** — Cette pièce formait un assemblage à queue d'aronde dont la soudure a fait disparaître les points de jonction. On s'en est servi pour y incruster trois triangles d'un métal de couleur différente. C'est donc uniquement en vue de prolonger la durée de l'exécution, en fournissant un supplément d'exercice, qu'on a ordonné ce travail.

FIG. 33.

ASSEMBLAGE A TÉ DROIT A QUEUE D'ARONDE, BRANCHES D'INÉGALES LONGUEURS.

1° **Construction.** — Un rectangle vertical est réuni à un rectangle horizontal par un trapèze isocèle.

2° **Exécution.** — C'est le même exercice que le n° 29, avec cette seule différence, que les pièces assemblées ont la même épaisseur.

FIG. 34.

ASSEMBLAGE A QUEUE D'HIRONDE A MI-FER.

1° **Construction.** — Une pièce verticale est assemblée avec une pièce horizontale de même épaisseur, par un tenon en forme de trapèze, qui a une épaisseur moitié moindre.

2° **Exécution.** — Bien préparer les deux pièces en les limant ensemble et en les passant de temps en temps sur le marbre. Faire la queue d'hironde ou d'aronde, puis l'entaille qui doit la recevoir. Si cet assemblage est bien fait, le té sera droit et les faces supérieures et inférieures ne feront qu'un même plan.

FIG. 36.

ASSEMBLAGE A TÉ DROIT ET A ENFOURCHEMENT.

1° **Construction.** — Deux pièces rectangulaires de même épaisseur sont perpendiculaires. La verticale a deux tenons ou *joues* qui pénètrent dans l'horizontale.

2° **Exécution.** — On lime les deux pièces ensemble pour qu'elles soient bien de même équarrissage, on fait les deux entailles et on termine par la pièce portant l'enfourchement. Le résultat doit être identique à celui de la figure 34.

FIG. 38.

ASSEMBLAGE D'ÉQUERRE AVEC TENON ET MORTAISE.

1° Construction. — Une pièce horizontale ayant 30 millimètres de largeur et 9 d'épaisseur pénètre dans une pièce verticale ayant même largeur et même épaisseur, par un tenon ayant seulement 18 millimètres de largeur et 3 d'épaisseur.

2° Exécution. — Les deux pièces étant bien régulières sur les côtés, les bouts et les faces, on fait le tenon, puis la mortaise. Cette dernière se produit en se servant de forets ou par plus étroits que la largeur qu'on veut obtenir ; on perce des trous aussi rapprochés que possible ; avec un bédane on fait sauter les parois qui séparent les trous, on se sert enfin de la lime pour augmenter l'ouverture de la mortaise selon les besoins. Les deux pièces assemblées doivent affleurer et former un angle droit à l'intérieur comme à l'extérieur.

FIG. 40.

ASSEMBLAGE A TÉ DROIT A TENON ET MORTAISE.

1° Construction. — Une pièce verticale ayant 21 millimètres d'équarrissage pénètre dans une pièce horizontale de même équarrissage par un tenon rectangulaire ayant 7 d'épaisseur.

2° Exécution. — Comme il a été dit pour la menuiserie, l'épaisseur du tenon ne doit pas excéder le tiers de la largeur de la pièce dans laquelle il doit être fixé. Bien régulariser les prismes, faire le tenon, puis la mortaise en se servant de forets comme on l'a déjà conseillé. Assembler. Le résultat est bon si le montant du té forme un angle droit avec chacune des deux branches et si le plan est uniforme.

FIG. 42.

ASSEMBLAGE A TÉ DROIT A MI-ÉPAISSEUR.

1° Construction. — Une pièce verticale ayant 15 millimètres d'équarrissage s'applique sur une pièce horizontale de même épaisseur et y pénètre au moyen d'un tenon ayant 7,5 d'épaisseur.

2° Exécution. — Limer les deux pièces ensemble, faire le tenon, puis l'entaille. Assembler. Le résultat est satisfaisant s'il est identique à celui de la figure 40.

Il reste bien des choses à dire au sujet de l'ajustage. Aux quarante-deux exercices qu'on vient de dessiner et d'exécuter, il convient d'ajouter des solides géométriques, des paliers, des bielles, en un mot, une série d'organes de machines qu'il serait trop long d'énumérer.

L'ajustage comprend encore les exercices de tour. Un ouvrier ajusteur doit savoir produire des boulons, des vis, des écrous de dimensions données, des roues dentées, des pignons, des cliquets, etc. ; mais nous sortons ici du cadre de l'enseignement primaire manuel. Contentons-nous à l'école de bien diriger les premiers pas de nos élèves, les patrons consciencieux feront le reste.

QUATRIÈME PARTIE

SCULPTURE SUR BOIS

Comme dans la planche 11, le profil de la partie qui n'est point travaillée par l'élève, ou, si l'on veut, la semelle de chaque objet est marquée par des hachures simples. Les coupes sont indiquées par des hachures croisées.

PLANCHE XII

FIG. 1.

1° Construction. — Sur une planchette ayant 155 millimètres de long, 40 de large et 20 d'épaisseur, construire 2 rectangles concentriques, le premier de 145 sur 25, le deuxième de 130 sur 15.

2° Exécution. — Nous avons pensé que la sculpture sur bois devait, comme la menuiserie, l'ajustage et tant d'autres professions, avoir ses exercices élémentaires. Le peuplier, l'aulne, le charme, le hêtre, le noyer, sont les principales essences que nous pouvons mettre entre les mains des élèves. Ils travaillent sur un établi comme les menuisiers, ou bien ils se servent d'un étau spécial en bois s'ils n'ont pas trop à frapper. Ils doivent toujours avoir la précaution de mettre une cale en bois tendre sous la panne du valet lorsqu'ils serrent les pièces. Les guillaumes, les vastringues, les bouvets à approfondir ou à élégir, les bouvets de deux pièces doivent être bannis de la sculpture. Chaque élève doit préparer lui-même le bois dont il a besoin.

Pour exécuter l'exercice indiqué figure 1, il faut descendre avec le ciseau seulement jusqu'au 3° plan au trait fait par le trusquin, ensuite tracer la profondeur du 2° plan et l'atteindre avec le même outil, sur les côtés comme sur les bouts. Les traces du ciseau doivent rester apparentes. Pas de grattage surtout, on s'en apercevrait.

FIG. 3.

1° Construction. — Sur une planchette ayant 170 millimètres de long, 56 de large et 25 d'épaisseur, construire un rectangle concentrique de 158 sur 41, et, dans ce dernier, deux petits rectangles de 70 sur 32 avec les diagonales.

2° Exécution. — Cette pièce a beaucoup d'analogie avec les figures 17 et 21 de la 1re partie; elle a de plus deux plans qu'il faut atteindre comme à la figure 1 de cette 4° partie. Conserver intact le sommet des deux pyramides; faire les plans inclinés bien réguliers. On appelle ces pyramides pointes de diamant. On peut tolérer l'emploi d'une petite scie pour faciliter l'enlèvement des parties transversales, mais ces parties doivent ensuite être tranchées au ciseau.

FIG. 4.

1° Construction. — Sur une planchette ayant 170 millimètres de long, 56 de large et 22 d'épaisseur, construire un losange avec ses diagonales, respectivement égales à 170 et 40.

2° Exécution. — Cet exercice se fait avec le ciseau seulement. Point de grattage ni de papier de verre.

FIG. 5.

1° Construction. — Sur une planchette ayant 170 millimètres de long, 56 de large et 29 d'épaisseur, construire 3 rectangles concentriques ayant respectivement 160, 150 et 141 de long sur 46, 36 et 30 de large; construire dans le petit rectangle un losange avec des diagonales égales à 128 et 30.

2° Exécution. — Descendre jusqu'au 5° plan avec le ciseau seulement sur les côtés, la scie et le ciseau sur les bouts. Tracer le plan suivant avec le trusquin, opérer avec la scie et le ciseau comme à la figure 3. Terminer par la pyramide qui est au 1er plan. Cet exercice nécessite beaucoup d'adresse pour être bien fait. L'exécution doit être lente si l'on veut bien réussir.

FIG. 7.

1° Construction. — Sur une planchette ayant 155 millimètres de long, 56 de large et 24 d'épaisseur, construire un rectangle ayant 139 de long et 40 de large, tracer des quarts de cercle aux coins avec 12 de rayon; construire un autre rectangle ayant 95 de long et 28 de large, puis, dans l'intérieur, un autre petit rectangle ayant 15 sur 4, et joindre deux à deux les sommets de ces rectangles.

2° Exécution. — Mêmes conseils; mais voici l'emploi de la gouge. Il faut se reporter aux explications déjà données figures 27, 28 et 29 de la 1re partie.

FIG. 8.

1° Construction. — Sur une planchette ayant 170 millimètres de long, 56 de large et 30 d'épaisseur, construire 2 rectangles concentriques de 155 sur 51 et 140 sur 36; tracer 2 angles rentrants dans l'intérieur du dernier rectangle ainsi que 2 losanges égaux et 2 petits cercles.

Exécution. — Nous ne revenons pas sur la superposition des plans; disons seulement que les six parties en relief placées sur le deuxième plan demandent à être bien ménagées : un coup d'outil donné trop vite endommage un travail qui a nécessité près de trois heures pour être convenablement fait. Emploi de ciseaux coudés, de gouges affûtées extérieurement, de ciseaux larges pour les parties un peu étendues.

FIG. 9.

1° Construction. — Sur une planchette ayant 150 millimètres de long, 50 de large et 22 d'épaisseur, construire 3 carrés égaux ayant 38 de côté et distants de 12; tracer, aux angles de ces carrés, 4 arcs de 14 de rayon.

2° Exécution. — Bien suivre le tracé avec un ciseau large et une gouge affûtée intérieurement. Se rappeler que pour bien couper le bois horizontalement, il ne faut pas suivre les fibres, ni les attaquer parallèlement; il faut tenir le ciseau de manière à former avec elles un angle d'environ 45 degrés et appuyer légèrement sur la pointe qui est tournée du côté à unir qui tranche le plus nettement.

FIG. 10.

1° Construction. — Sur une planchette ayant 156 millimètres de long, 50 de large et 25 d'épaisseur, construire 3 rectangles égaux ayant 40 sur 38, et distants de 12; décrire aux angles des quarts de cercle ayant 10 de rayon; à l'intérieur des figures ainsi obtenues, construire de petits rectangles ayant 20 sur 18 avec les diagonales.

2° Exécution. — Cet exercice résume ceux qui sont indiqués figures 3 et 10 de cette 4° partie.

FIG. 11.

1° Construction. — Construire à chaque extrémité d'une planchette ayant 156 millimètres de long, 56 de large et 15 d'épaisseur, 2 rectangles concentriques de 44 sur 40 et de 38 sur 31; tracer à tous les sommets des arcs de 12 millimètres de rayon et réunir les deux figures angle à angle; placer au centre de la planchette une croix ordinaire avec les cotes indiquées.

2° Exécution. — Découper avec le ciseau large et la gouge les parties indiquées sur cette figure après avoir préalablement donné six traits de scie transversaux. Les chanfreins concaves se font avec une petite gouge.

FIG. 12.

1° Construction. — Construire 2 panneaux et demi en forme de losange sur une planchette ayant 170 millimètres de long, 56 de large et 20 d'épaisseur. Ces panneaux sont distants de 5 millimètres et sont formés chacun de 3 losanges concentriques dont les grandes diagonales sont égales à 60, 50 et 30 millimètres.

2° Exécution. — Cet exercice comme les précédents se trouve si bien indiqué par le plan et le profil, et notre élève s'étant déjà si bien appliqué, qu'il paraît inutile de renouveler les conseils qui ont été précédemment donnés. Notre 1re série se termine ici. Une infinité d'autres exercices peuvent y être ajoutés si l'on veut. Il suffit de s'inspirer de ces 12 figures, de substituer des triangles, des hexagones ou d'autres polygones à ceux que nous avons décrits. À l'œuvre donc, pour inventer d'autres bons modèles.

PLANCHE XIII

Tous les exercices de cette planche sont des ornements simples formés de plans superposés et représentés contre le plan vertical dans deux positions, face et profil. Deux exercices, n°ˢ 15 et 19, qui renferment des parties en creux, ont été coupés par un plan AB.

FIG. 13.

1° Construction. — Sur une planchette carrée de 96 millimètres de côté, et 26 d'épaisseur, construire un carré concentrique ayant 84 de côté, puis, aux quatre coins de ce carré, placer 4 carrés ayant 36 de côté, avec les diagonales.

2° Exécution. — Voir ce qui a été dit figure 3 de cette quatrième partie. La manière de procéder est la même.

FIG. 14.

1° Construction. — Sur une planchette carrée de 100 millimètres de côté et 36 d'épaisseur, tracer 2 carrés concentriques, l'un de 85, l'autre de 60; prendre les sommets de ce dernier pour centres de 4 demi-cercles ayant 12,5 de rayon; décrire encore 8 arcs ayant 6 de rayon, se raccordant avec les précédents, et avec 4 lignes à 45 degrés, formant un X.

2° Exécution. — Suivre exactement le tracé en se servant de gouges d'un rayon convenable, de ciseaux droits et de ciseaux coudés.

FIG. 15.

1° Construction. — Sur une planchette carrée de 100 millimètres de côté et 20 d'épaisseur, construire un carré concentrique de 84; prendre les sommets de ce carré comme centres de 4 quarts de cercle ayant 12 de rayon; au centre de la figure placer 2 carrés concentriques à 45 degrés, l'un ayant 60 de diagonale, l'autre 48, et mener les diagonales de ce dernier.

3° Exécution. — La pointe de diamant entourée d'une couronne rectangulaire offre seule quelque difficulté et nécessite l'emploi de ciseaux bien tranchants.

FIG. 16.

1° Construction. — Sur une planchette carrée de 100 millimètres de côté et 25 d'épaisseur, construire un carré concentrique de 80 millimètres de côté, puis un autre de 50 de côté, et enfin un troisième incliné à 45 degrés, ayant 50 de diagonale, c'est-à-dire inscrit dans le précédent; couper les coins du premier carré; relier le second au premier par des demi-cercles ayant 15 de rayon, et tracer les diagonales du troisième.

2° Exécution. — L'examen attentif du plan et du profil, joint aux conseils déjà donnés, assure, s'ils sont bien suivis, la réussite de cet exercice. Conserver intacte la pointe de diamant et faire les plans inclinés bien régulièrement.

FIG. 17.

1° Construction. — Sur une planchette carrée de 100 millimètres de côté et 24 d'épaisseur, construire 2 carrés concentriques, l'un de 90, l'autre de 80 de côté; décomposer ce dernier en 16 carrés de 20 de côté; décrire 4 arcs de 20 de rayon tangents 2 à 2 et placer au centre une étoile en suivant les indications du modèle.

2° Exécution. — Pièce très compliquée inventée par un élève; elle ne doit pas décourager ses condisciples. Pas de précipitation surtout et bien suivre le dessin.

FIG. 18.

1° Construction. — Sur une planchette carrée de 98 millimètres de côté et 21 d'épaisseur, ayant les coins coupés à 45 degrés, construire 3 carrés concentriques ayant respectivement 76, 58 et 44 de côté; couper les coins du plus grand à 45 degrés; relier le moyen au grand par 4 arcs de cercle dont on connaît le sommet et les extrémités; tracer les diagonales du petit.

2° Exécution. — Cette pièce ressemble beaucoup à celle qui porte le numéro 16. Mêmes procédés.

FIG. 19.

1° Construction. — Sur une planchette carrée de 98 millimètres de côté et 31 d'épaisseur, ayant les coins coupés à 45 degrés, construire 3 carrés concentriques de 80, 45 et 35 de côté; décrire des demi-cercles ayant 25 de diamètre sur les milieux des côtés du carré moyen, et tracer les diagonales du petit.

2° Exécution. — C'est une combinaison des figures 15, 16 et 18. Il est inutile par conséquent de décrire de nouveau les procédés propres à sa confection.

FIG. 20.

1° Construction. — Sur une planchette carrée de 98 millimètres de côté et 22 d'épaisseur, construire 2 carrés concentriques ayant 89 et 80 de côté; inscrire dans le petit 2 rectangles inclinés à 45 degrés et ayant 25 de large; tracer les médianes des rectangles et un petit carré central à 45 degrés, ayant 22 de côté.

2° Exécution. — Encore un excellent exercice. Soigner le petit tronc de pyramide; c'est la partie la plus difficile. On opère pour le reste en répétant de nouveau ce qui a été fait à la partie centrale de la figure 11 et les plans superposés des figures 1, 3, 5, 8.

Ici se termine notre deuxième série d'exercices élémentaires. Il sera facile de l'étendre. Nous n'avons pu faire figurer dans ce recueil tous ceux qui sont à l'école; nous les compterons bientôt par centaines. Leur exécution n'a jamais rebuté les élèves; ils en ont tous retiré un bon profit.

PLANCHE XIV

FIG. 22.
BORDURE GRECQUE AVEC PLANS INCLINÉS.

1° Construction. — Sur une planchette ayant 260 millimètres de long, 80 de large et 15 d'épaisseur, laisser une bordure de 10 millimètres tout autour et tracer un rectangle ayant 240 de long sur 60 de large; décomposer le rectangle en 36 carrés de 20 millimètres de côté et tracer les obliques en observant le modèle.

2° Exécution. — Il faut couper le bois jusqu'au deuxième plan en suivant bien exactement le dessin quadrillé tracé sur le morceau de bois. Cela terminé, on prend un ciseau bien aiguisé et on forme les plans inclinés indiqués par les diagonales. Il faut avoir soin de bien conserver les arêtes et de bien soigner les rencontres des plans inclinés.

FIG. 23.
BORDURE GRECQUE AVEC PLANS INCLINÉS ET REPLIÉS.

1° Construction. — Sur une planchette ayant 246 millimètres de long, 66 de large et 14 d'épaisseur, construire un rectangle ayant 242 sur 66; diviser la longueur de ce rectangle en 11 parties égales, et la largeur en 3 parties; tracer 32 carrés égaux et construire le dessin en suivant le modèle.

2° Exécution. — Elle se fait en trois temps: 1° couper le bois jusqu'au deuxième plan; 2° enlever les angles indiqués par les lignes obliques; 3° biller les parties inclinées.

FIG. 24.
BORDURE GRECQUE AVEC FILETS ENTRELACÉS D'ÉPAISSEUR VARIABLE.

1° Construction. — Sur une planchette ayant 235 millimètres de long, 80 de large et 26 d'épaisseur, construire un rectangle ayant 226 millimètres de long sur 70 de large; porter sur la longueur du rectangle, à partir du haut, 21 divisions de 10 millimètres, et, sur la largeur, 7 divisions de 10 millimètres; former ensuite un quadrillage au centimètre carré et tracer le dessin en suivant attentivement le modèle.

2° Exécution. — Il faut procéder comme pour l'exécution des figures 22 et 24. Les ciseaux coudés sont indispensables. On devine sans peine quelles sont les parties qui restent au premier plan et celles qui traversent les premières. Le plan horizontal et le profil renseigneront à cet égard.

FIG. 27.
BORDURE GRECQUE AVEC FACETTES INCLINÉES SUR UN FILET COUDÉ EN FORME DE CROIX.

1° Construction. — Sur une planchette ayant 231 millimètres de long, sur 63 de large et 20 d'épaisseur, construire un rectangle ayant 217 millimètres de long sur 49 de large; diviser la longueur de ce rectangle en 31 parties de 7 millimètres, la largeur en 7 parties, et achever le dessin en suivant attentivement le modèle.

2° Exécution. — Cette grecque offre un motif des plus jolis. Il faut procéder en suivant toujours le même ordre:
1° Atteindre le deuxième plan en se servant de petits ciseaux coudés;
2° Produire les pentes qui sont, comme on le voit, alternativement baissées vers une croix et relevées sur la suivante.

Les photographies placées en tête de cette publication contiennent des exercices de sculpture sur bois et sur pierre proprement dits, ils nécessitent un outillage plus complet et surtout une série d'outils qui affectent une forme particulière; on les appelle outils coudés.

Il est indispensable de bien dessiner sur le bois, sur le carreau de plâtre, sur la pierre, sur le marbre l'objet à reproduire, de choisir les outils pouvant s'adapter exactement aux lignes qui le circonscrivent, de descendre jusqu'au plan qu'on veut atteindre, de galber, c'est-à-dire imiter l'inclinaison de chaque partie du modèle, de bien couper le bois, de proscrire l'usage du grattoir, de la lime, de la pierre ponce ou d'autre matière propre à polir. Nous l'avons déjà dit et nous ne saurions trop le répéter: la sculpture la plus estimée est celle qui laisse deviner les outils tranchants dont on s'est servi.

(Il y aurait lieu de parler ici de la mise au point, mais nous sortirions du cadre de l'instruction primaire manuelle.)

Si cette publication demandée par un nombre considérable d'instituteurs et de professeurs mérite l'accueil que nous espérons, nous publierons un supplément qui contiendra des modèles plus nombreux, des leçons techniques qui doivent toujours précéder, au moins pendant une demi-heure, la pratique de l'enseignement manuel, des conseils plus étendus concernant le travail, l'emploi des matières premières et la succession méthodique par semaine, par mois et par année des exercices à faire exécuter.

CINQUIÈME PARTIE

MODELAGE

Avant d'expliquer ce tableau, nous croyons utile de dire que le modelage avec l'argile est le plus économique; mais il nécessite, comme à l'école de la rue Tournefort où 250 élèves s'en occupent, un nombre assez considérable de lavabos. Il y en a 18 que les élèves ont faits eux-mêmes; 6 planches garnies de charnières se rabattent sur ces lavabos. Après le nettoyage ce sont autant de bancs qui viennent s'ajouter aux autres pour le moment du repos.

Une ardoise coûte 0 fr. 20 à 0 fr. 25; un ébauchoir, 0 fr. 25; une mirette, 0 fr. 50: voilà les objets indispensables pour chaque élève. Le pain de glaise de 20 kilogrammes bien préparé coûte environ 1 franc; le plâtre fin, 7 francs les 100 kilogrammes.

On prépare la glaise en forme de boudins, mais on a soin de ne l'employer qu'en boulettes pour obtenir plus de cohésion.

Le croquis étant fait d'abord sur le papier, puis sur l'ardoise ou sur le fond que l'élève y a adapté, les boulettes sont placées le plus près possible des lignes extérieures du dessin et écrasées en amenant une partie de la glaise vers l'intérieur; les principaux reliefs sont massés, à moins qu'il n'y ait divers plans à reproduire; dans ce cas, il est utile d'achever tout de suite les plans et ornements les moins saillants. La glaise ne doit pas se sculpter, il faut procéder par additions successives.

Le travail à l'argile terminé, il faut procéder au moulage. On emploie divers moyens. Si l'on procède avec de la gélatine fondue au bain-marie, on borde le tour de la pièce à mouler pour retenir le liquide lorsqu'il est versé. La gélatine étant refroidie, on l'enlève avec précaution d'un seul bloc; on répare ce moule avec de la glaise ou de la cire molle, si cela est nécessaire. On verse dans ce moule du plâtre convenablement délayé pour obtenir une épreuve. Si, après avoir enlevé l'épreuve, le moule n'est pas détérioré, on procède de la même manière pour en obtenir une seconde et ainsi de suite. La gélatine est ensuite séchée pour se conserver et servir de nouveau. Nous recommandons ce moyen comme étant le plus rapide et le plus commode. — Si l'on procède avec du plâtre, on commence par couvrir le travail de l'élève d'une couche de plâtre délayé comme de la bouillie et coloré avec de l'ocre. Cette couche étant presque sèche, on la couvre à son tour d'une couche de plâtre gâché un peu ferme dans laquelle on met, s'il est nécessaire, de petites tiges de fer pour la consolider. Ces modèles en gélatine ou en plâtre sont d'une seule pièce. On détache le tout de l'ardoise et l'on se sert d'une boule d'argile pour enlever celle que contient le moule; le reste s'extrait avec un ébauchoir. On nettoie le moule avec de l'eau de savon, puis on le remplit de plâtre fin un peu liquide pour qu'il puisse pénétrer dans toutes les cavités. On peut diminuer l'épaisseur de l'épreuve en se servant de toile claire trempée dans le plâtre que l'on étend sur le revers. Le plâtre étant bien pris (il faut pour cela au moins douze à quinze heures) on brise le moule, qu'il est toujours facile de distinguer par la couche de plâtre coloré qui le sépare de l'épreuve. On nettoie l'épreuve et on l'achève à l'aide d'outils spéciaux. Ce moulage est désigné sous le nom de *creux perdu*.

Il y a d'autres manières de mouler; nous aurons occasion de compléter ces notes. Disons seulement aujourd'hui qu'on distingue le moulage à bon creux, le moulage avec plusieurs pièces, le moulage au soufre, à la gutta-percha, l'estampage, le moulage sur nature, etc.

Les diverses dimensions des travaux exposés dans ce tableau m'ont forcé de sacrifier leur ordre naturel pour satisfaire l'œil, mais il est facile au moyen du numérotage d'établir cet ordre.

Ex. 1. C'est le type d'une série de figures géométriques planes régulières d'une épaisseur déterminée, 1 centimètre par exemple. Ici c'est le trilobe qui est exposé, les autres se devinent facilement, ce sont le carré, le rectangle, le parallélogramme oblique, le losange, les diverses espèces de triangles, les polygones réguliers ou étoilés, etc.

Ex. 2, 3, 4, 5, 6, 7. Ornements et rosaces simples. Imitation de feuilles naturelles telles que celles du cresson, du persil, du trèfle, du chou frisé, du figuier, du nénuphar, etc.

Ex. 8. Copie d'un chapiteau de pilastre.

Ex. 9. Réduction d'une feuille d'acanthe dite classique.

Ex. 10. Modelages faits d'après des estampes appartenant à l'école.

Ex. 12. Reproduction d'une rosace Louis XVI avec dimensions quatre fois plus grandes.

Ex. 13, 14. Copies de fragments de frises. A ce sujet, il est utile de dire qu'on ne doit pas dédaigner les rinceaux, les frises, les ornements quelconques de grandes dimensions. Le maître saura toujours indiquer aux élèves les fragments qui se trouvent en rapport avec leur aptitude.

Certains exercices n'ont pu être indiqués sur ce tableau ; on pourrait les voir en partie à l'école de la rue Tournefort, tels sont ceux qui consistent :

A reproduire inversement le modèle ;

A décorer des chapiteaux ;

A mouler des polyèdres réguliers, des solides géométriques, des exercices de stéréotomie, des objets usuels : targettes, consoles, ancres, flèches de grilles, acrotères, fleurons, lambrequins, balustres, vases, vasques, gargouilles, entrelacs, trophées, cadres, armes, etc. ;

A composer des ornements, etc., etc.

Lorsque des modelages doivent être mis aufour, il est nécessaire de mêler à l'argile un peu de sable.

Il est absolument nécessaire d'entretenir les élèves des objets qu'ils sont appelés à manier et cela sous forme de leçons de choses : l'argile, son élasticité, son odeur, sa saveur, l'argile réfractaire, son usage, les produits céramiques ; briques, tuiles, tuyaux, creusets, faïence, etc.

Soigner le rangement du matériel, et mettre de l'ordre dans l'enseignement des débutants.

TABLE DES MATIÈRES

FIN DE LA TABLE DES MATIÈRES

6733. — BOURLOTON. — Imprimeries réunies, A, rue Mignon, 2, Paris.

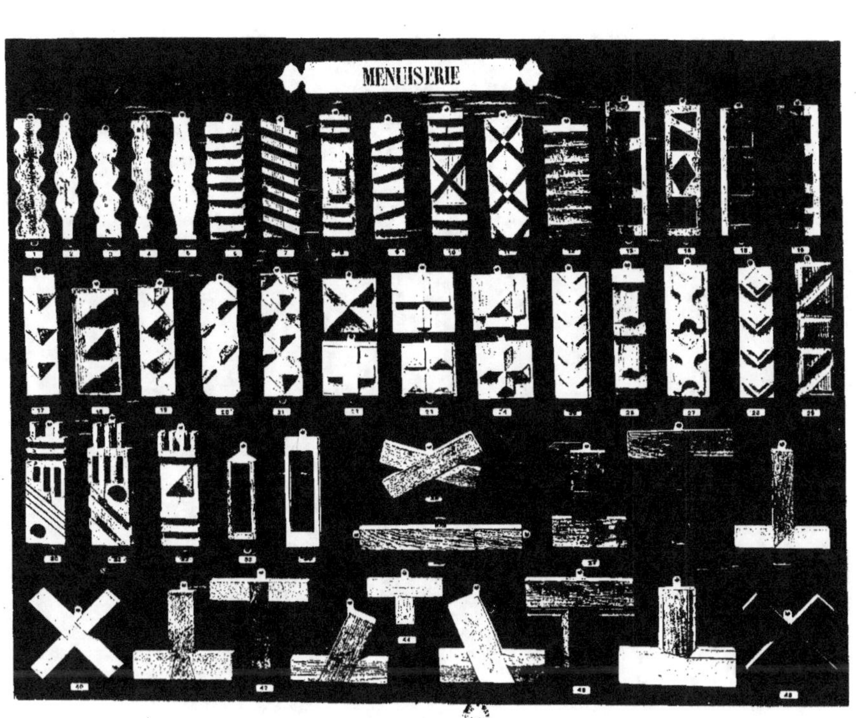
MENUISERIE

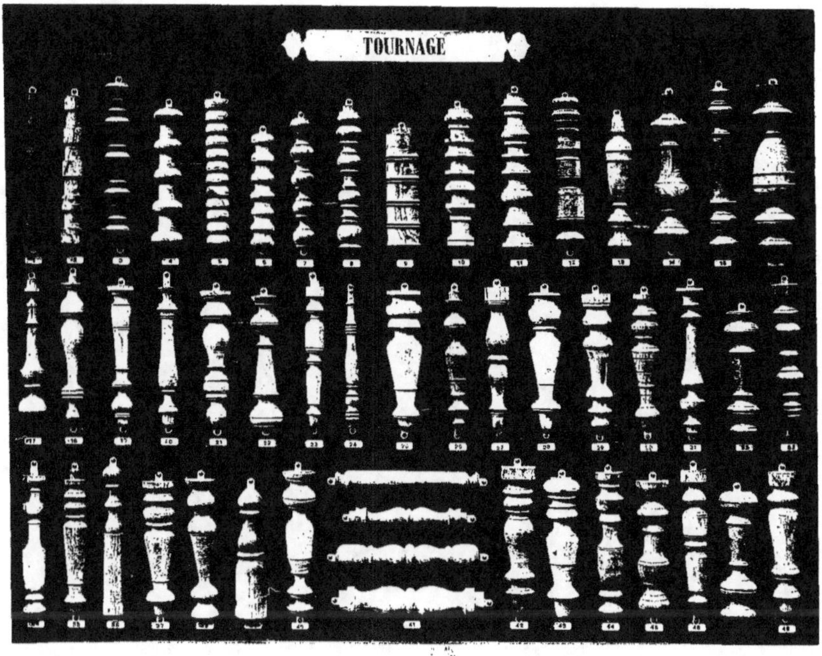

TOURNAGE

AJUSTAGE

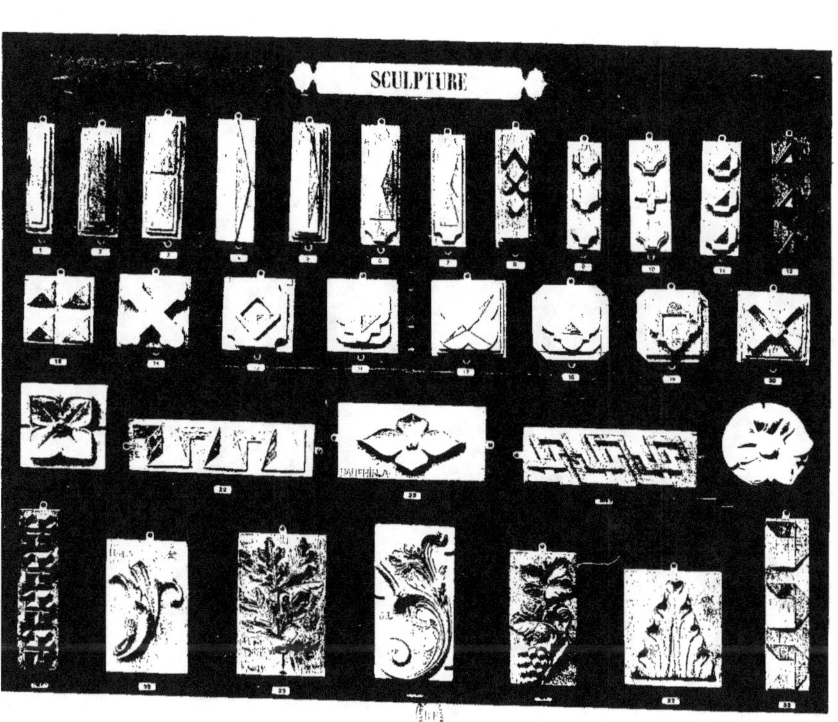

SCULPTURE

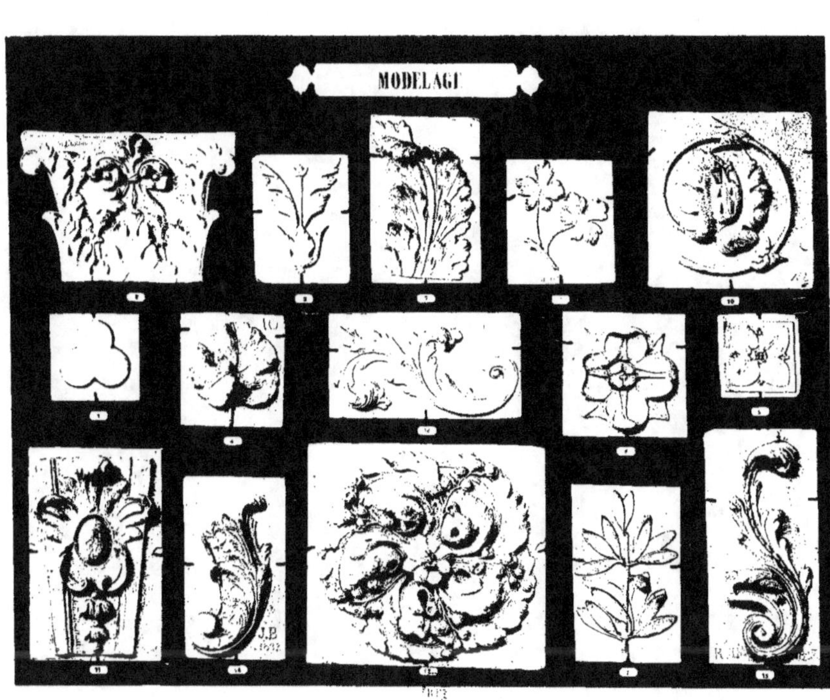

MODELAGE

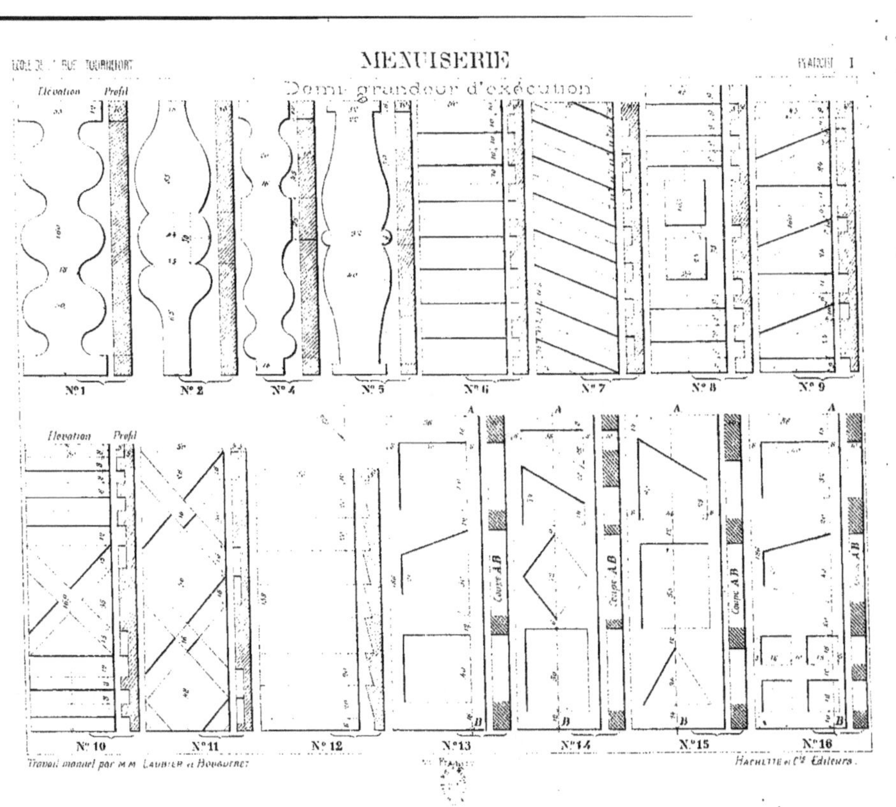
Élévation Profil
N° 1 N° 2 N° 4 N° 5 N° 6 N° 7 N° 8 N° 9
Élévation Profil
Coupe AB Coupe AB Coupe AB Coupe AB
A A A A
B B B B
N° 10 N° 11 N° 12 N° 13 N° 14 N° 15 N° 16

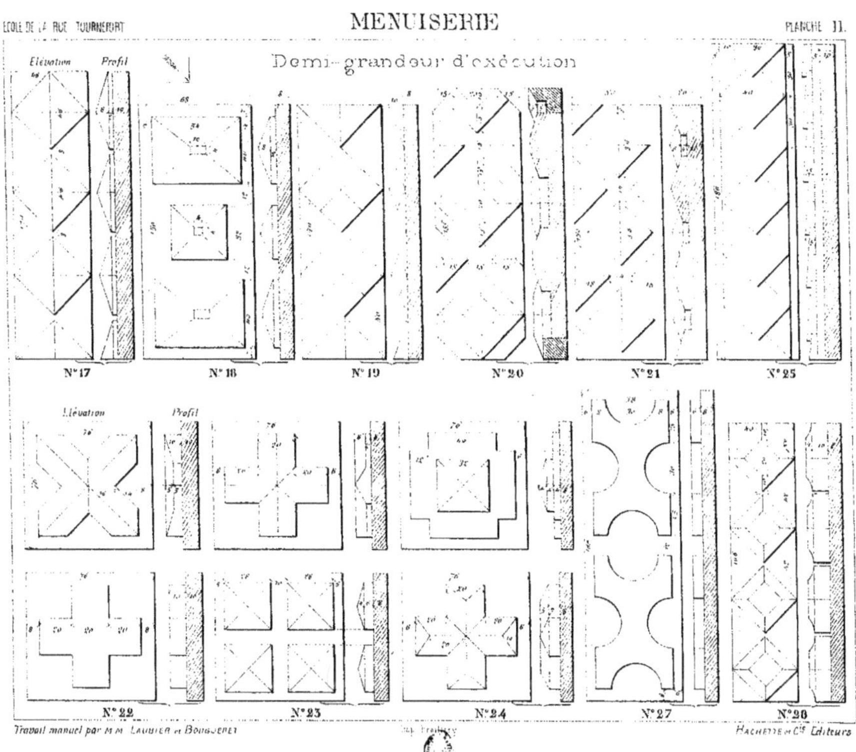
Demi-grandeur d'exécution
Elévation
Profil
N° 17
N° 18
N° 19
N° 20
N° 21
N° 25
Elévation
Profil
N° 22
N° 23
N° 24
N° 27
N° 26

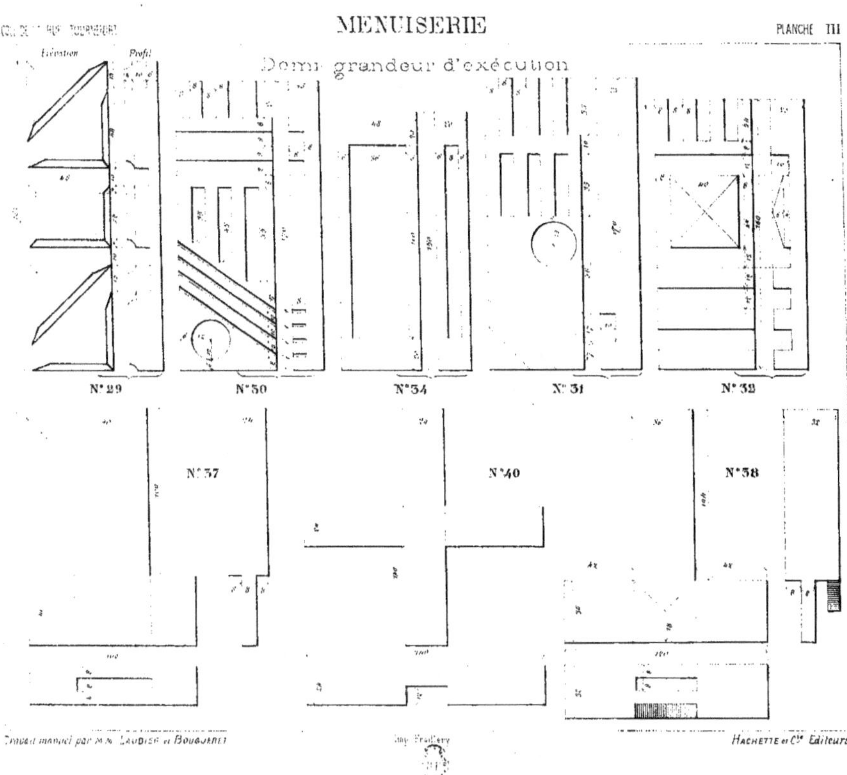
Demi grandeur d'exécution
Élévation
Profil
N° 29
N° 50
N° 34
N° 31
N° 32
N° 37
N° 40
N° 38

Demi-grandeur d'exécution

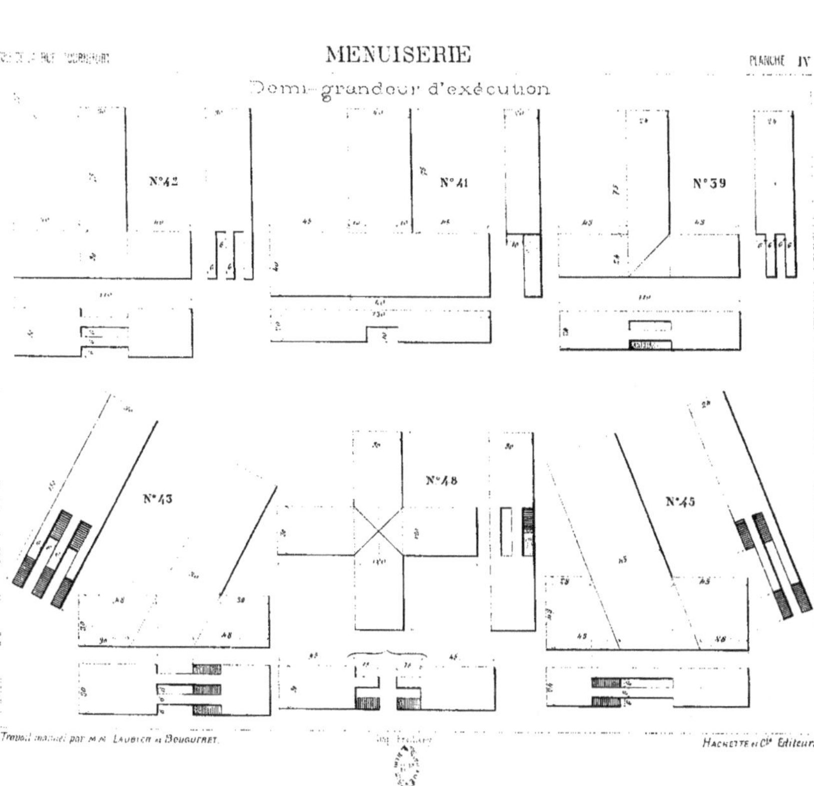

Travail manuel par MM. LAUBIER et BOUGUERET.

Hachette et Cie, Éditeurs.

Demi-grandeur d'exécution.

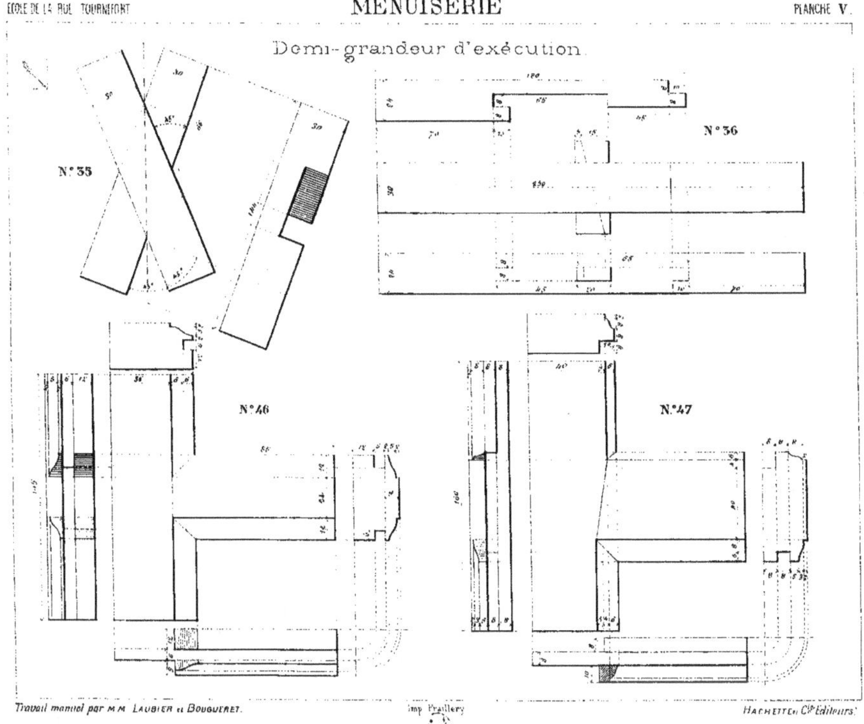

TOURNAGE.

Tiers de grandeur d'exécution

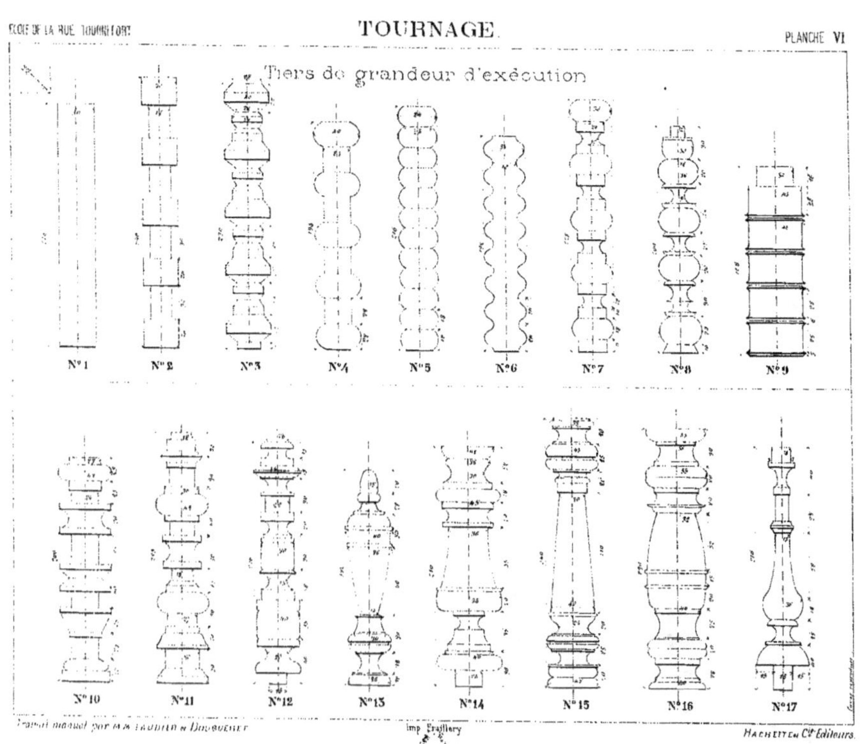

imp. Draillary

Tiers de grandeur d'exécution

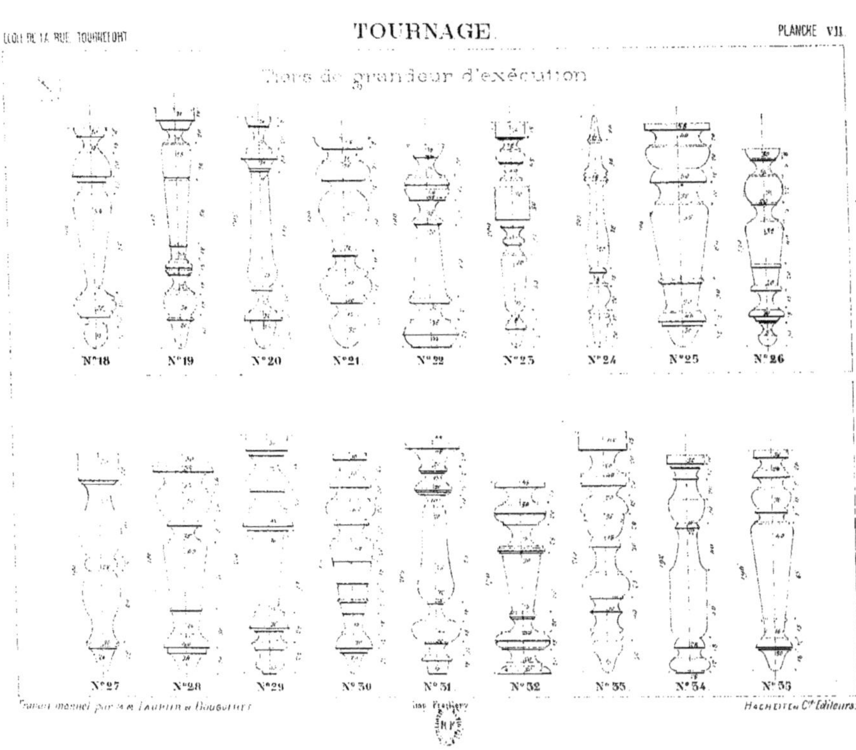

Manuel manuel par MM. Laurent & Bougleux — Imp. Pichot — Hachette & Cᵉ Éditeurs.

TOURNAGE

Tiers de grandeur d'exécution

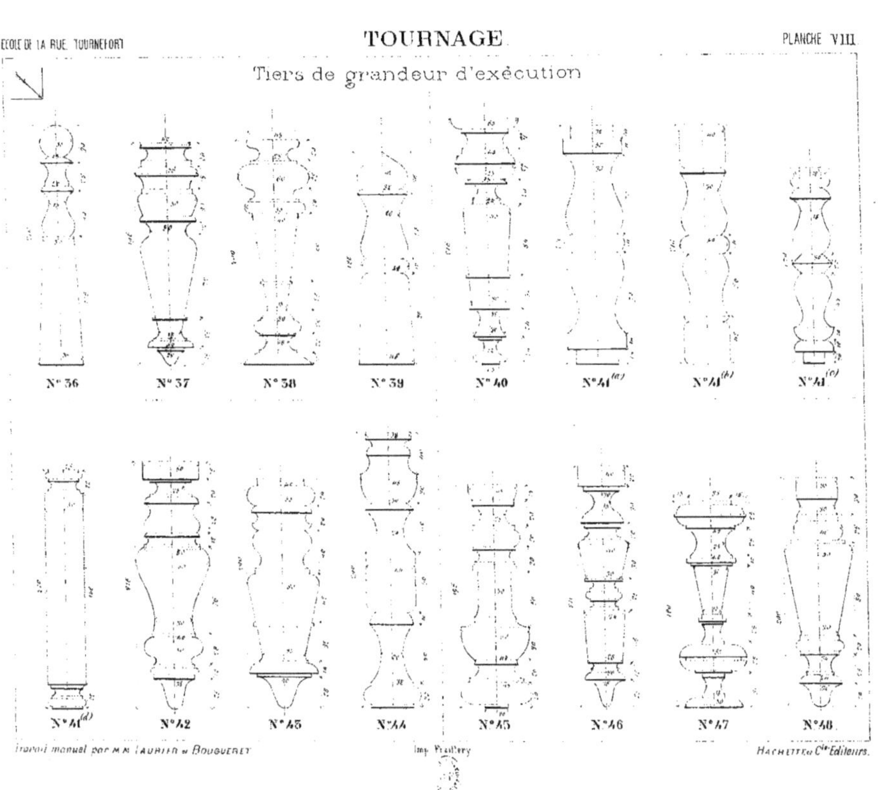

AJUSTAGE

Demi-grandeur d'exécution

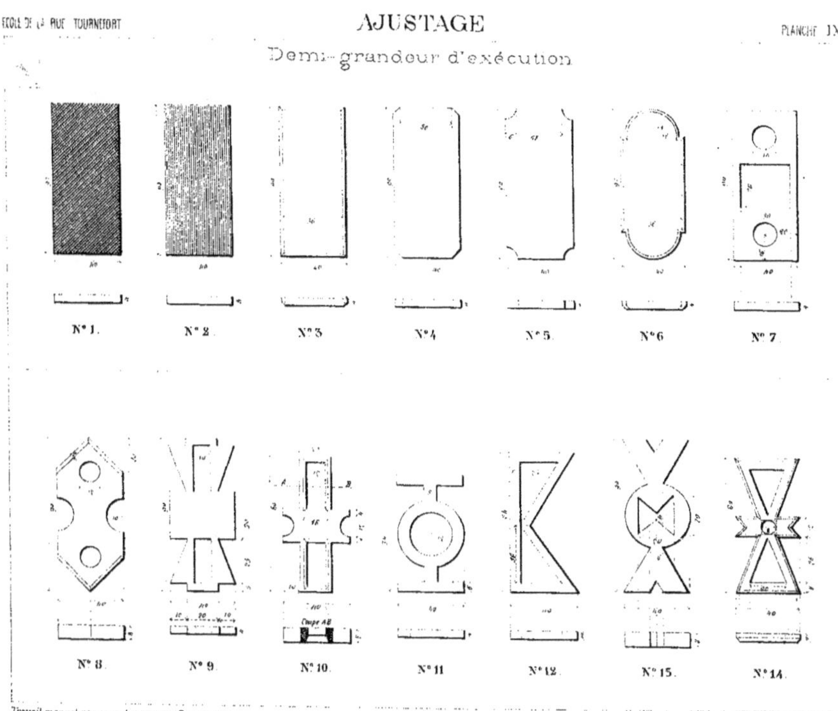

AJUSTAGE

Demi-grandeur d'exécution.

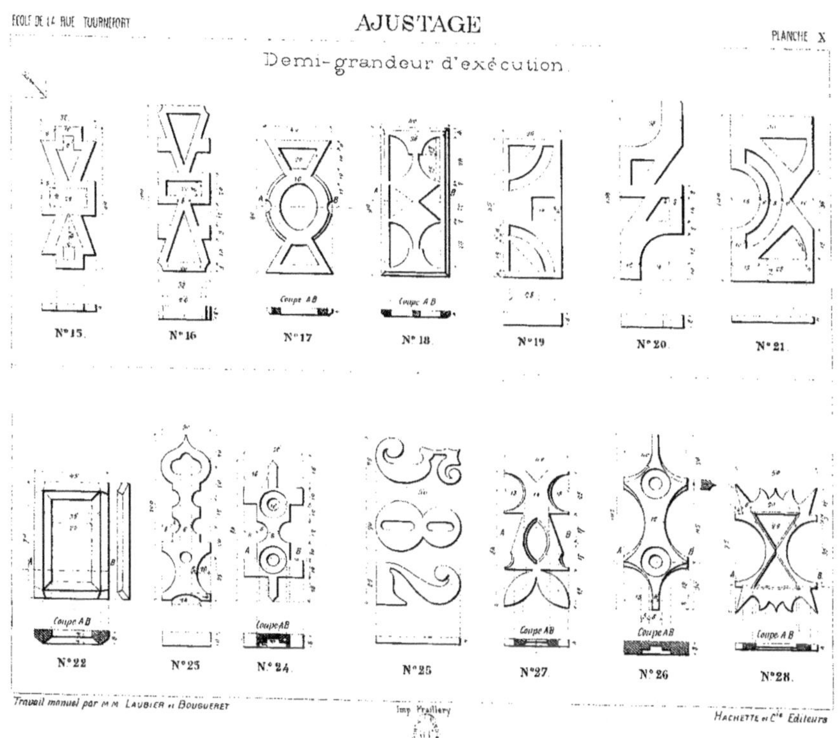

Imp. Prallery

Demi grandeur d'exécution

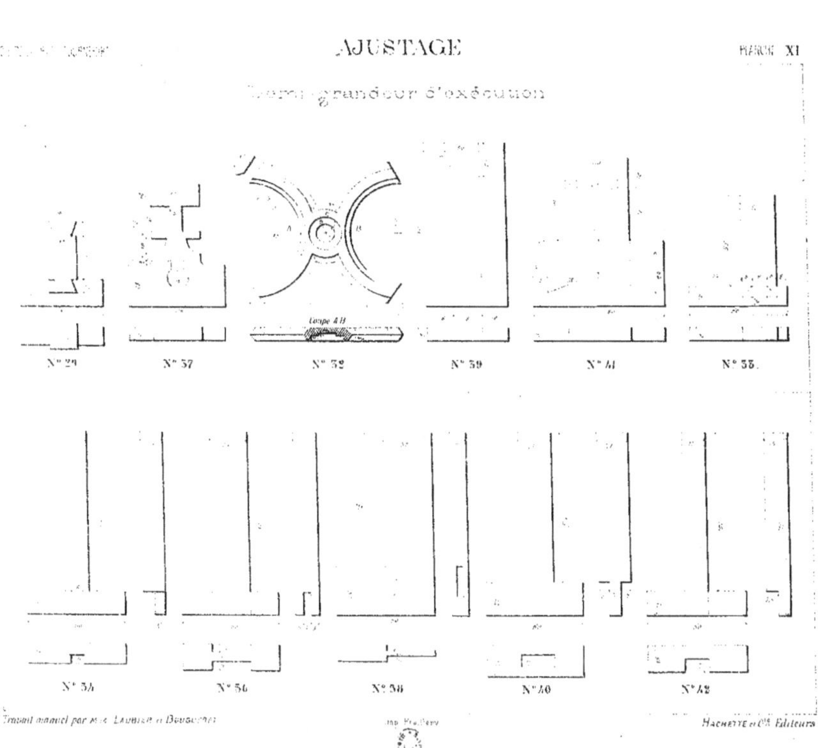

Travail manuel par MM. Laurisse et Bousseron.
Hachette et Cⁱᵉ Éditeurs.

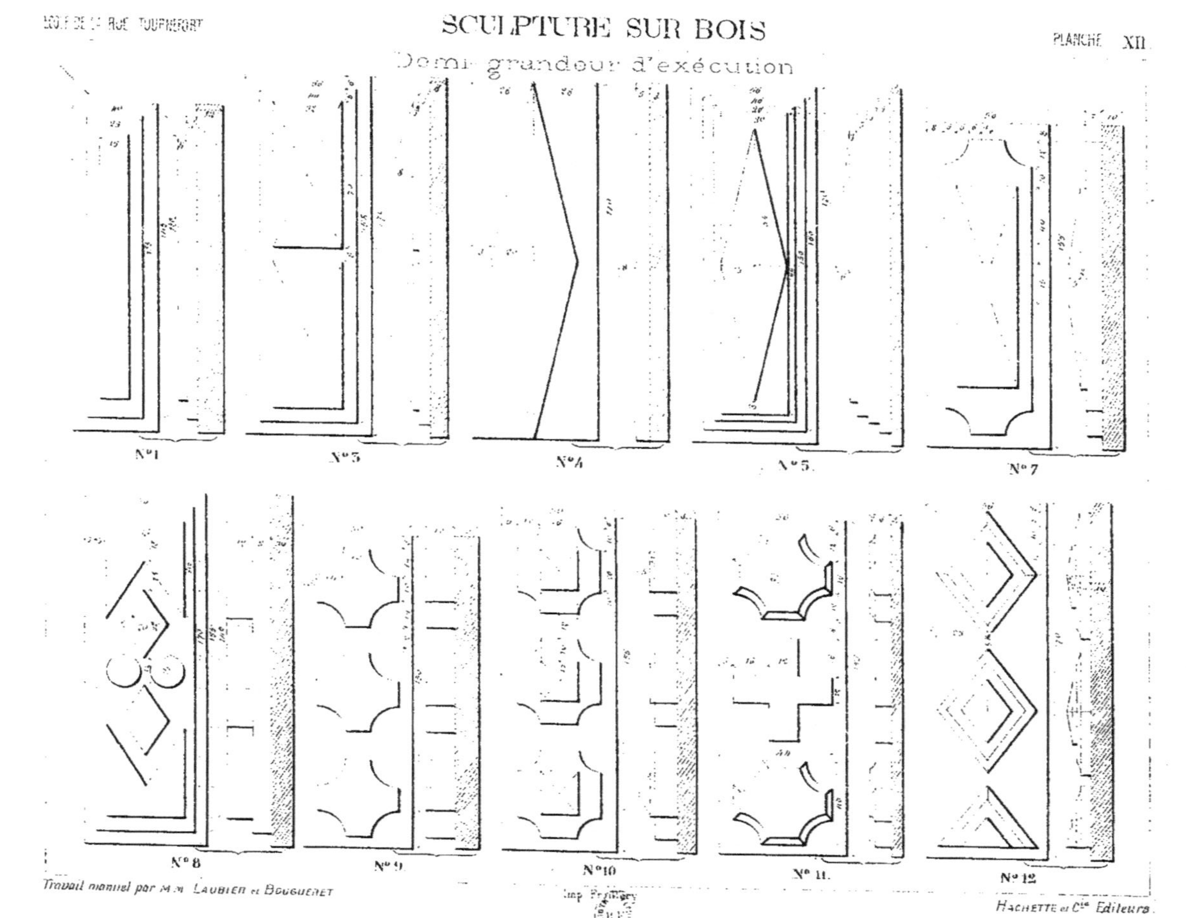

ÉCOLE DE LA RUE TOURNEFORT
SCULPTURE SUR BOIS
Demi grandeur d'exécution
PLANCHE XII
N° 1
N° 3
N° 4
N° 5
N° 7
N° 8
N° 9
N° 10
N° 11
N° 12
Travail manuel par M.M. LAUBIEN et BOUGUERET
Imp Prémbey
HACHETTE et Cie Éditeurs

SCULPTURE SUR BOIS

Demi-grandeur d'exécution

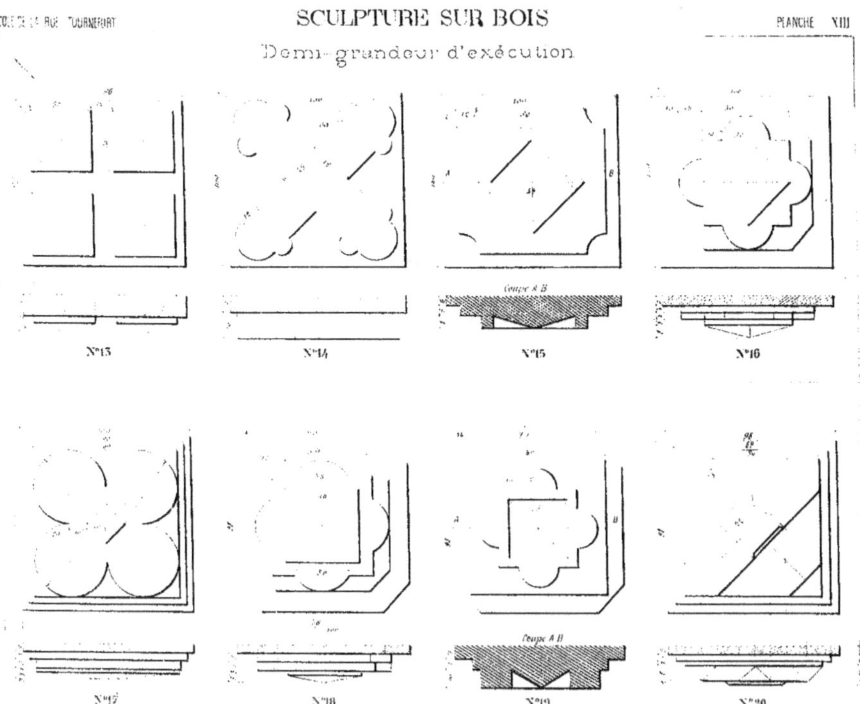

Travail manuel par MM. LEROY et BOURGERY

Imp. Pralley

Hachette et Cie Éditeurs

SCULPTURE SUR BOIS

Demi-grandeur d'exécution.

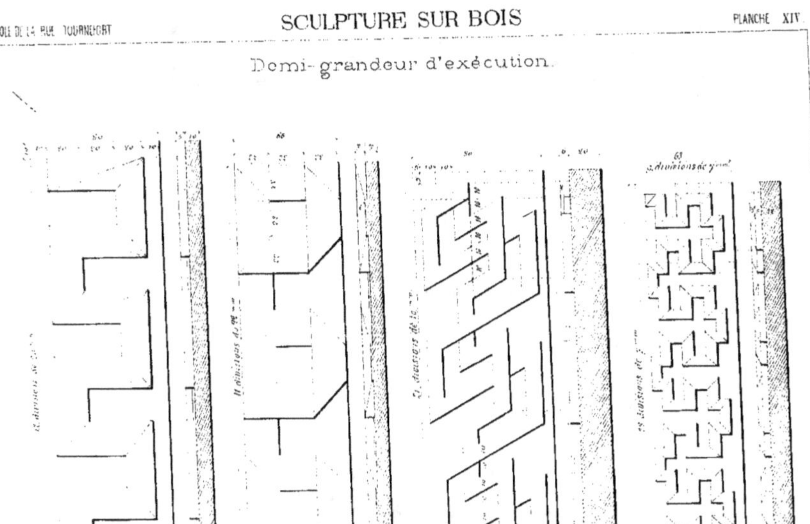

Imp. Fraillery

Hachette et Cⁱᵉ Éditeurs

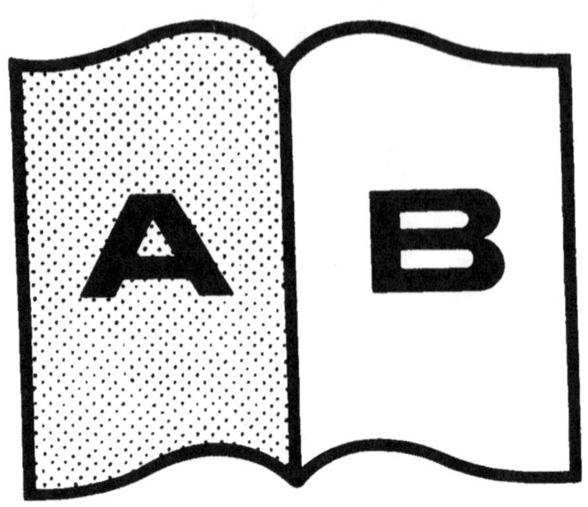

Contraste insuffisant

NF Z 43-120-14

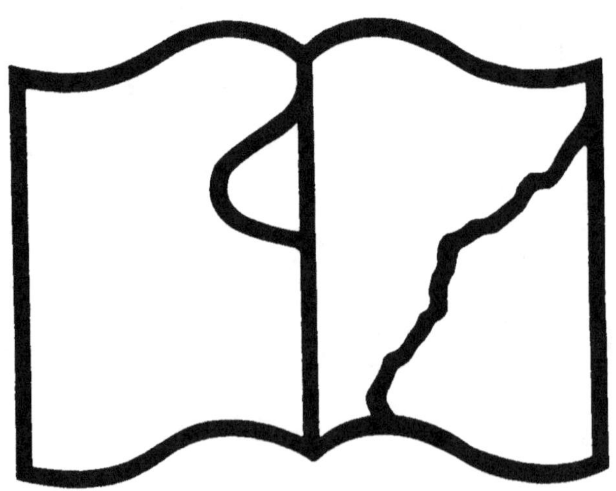

Texte détérioré — reliure défectueuse

NF Z 43-120-11